LE BARBIER

DE SEVILLE,

OU LA

PRECAUTION INUTILE,

COMÉDIE

EN QUATRE ACTES.

Par M. DE BEAUMARCHAIS.

Représentée sur le théatre de la Comédie Françoise, le 23 février 1775.

A PARIS,

Chez RUAULT, Libraire, rue de la Harpe.

M. DCC. LXXV.

Avec Approbation & Permission.

PERSONNAGES.

Le Comte ALMAVIVA, Grand d'Espagne, amant inconnu de Rosine.

BARTHOLO, Médecin, Tuteur de Rosine.

ROSINE, jeune personne d'extraction noble, & pupille de Bartholo.

FIGARO, Barbier de Séville.

DOM BAZILE, Organiste, Maître-à-chanter de Rosine.

LA JEUNESSE, vieux domestique de Bartholo.

L'ÉVEILLÉ, autre valet de Bartholo, garçon niais & endormi.

UN NOTAIRE.

UN ALCADE, homme de Justice.

Plusieurs Algouazils & Valets.

La scene est à Séville.

LETTRE MODÉRÉE

SUR LA

CHUTE ET LA CRITIQUE

D U

BARBIER DE SÉVILLE.

L'AUTEUR, vêtu modeſtement & courbé préſentant ſa piece au Lecteur.

Monsieur,

J'ai l'honneur de vous offrir un nouvel opuſ-cule de ma façon. Je ſouhaite vous rencontrer dans un de ces moments heureux, où, dégagé de ſoins, content de votre ſanté, de vos affaires, de votre maîtreſſe, de votre dîner, de votre eſto-mac, vous puiſſiez vous plaire un moment à la lecture de mon *Barbier de Séville*; car il faut tout cela pour être homme amuſable & lecteur indulgent.

Mais ſi quelque accident a dérangé votre ſanté,

A

fi votre état eft compromis , fi votre belle a for-
fait à fes ferments, fi votre dîner fut mauvais , ou
votre digeftion laborieufe ; ah ! laiffez mon *Barbier* ; ce n'eft pas là l'inftant ; examinez l'état
de vos dépenfes , étudiez le *Factum* de votre
adverfaire , relifez ce traître de billet furpris à
Rofe , ou parcourez les chef-d'œuvres de Tiffot
fur la tempérance , & faites des réflexions poli-
tiques , économiques , diététiques , philofophiques
ou morales.

Ou fi votre état eft tel qu'il vous faille abfolument l'oublier ; enfoncez-vous dans une ber-
gere , ouvrez le Journal établi dans Bouillon avec
Encyclopédie , Approbation & Privilege , &
dormez vîte une heure ou deux.

Quel charme auroit une production légere au
milieu des plus noires vapeurs ? Et que vous importe en effet fi Figaro le Barbier s'eft bien moqué
de Bartholo le médecin , en aidant un rival à lui
fouffler fa maîtreffe ? On rit peu de la gaieté d'autrui , quand on a de l'humeur pour fon propre
compte.

Que vous fait encore fi ce Barbier Efpagnol
en arrivant dans Paris effuya quelques traverfes ,
& fi la prohibition de fes exercices a donné trop
d'importance aux rêveries de mon bonnet ? On
ne s'intéreffe guere aux affaires des autres , que
lorfqu'on eft fans inquiétude fur les fiennes.

Mais enfin tout va-t-il bien pour vous ? Avez-
vous à fouhait double eftomac, bon cuifinier,
maîtreffe honnête , & repos imperturbable ? Ah !
parlons, parlons : donnez audience à mon *Barbier*.

Je fens trop, Monfieur, que ce n'eft plus le
temps, où, tenant mon manufcrit en réferve,
& femblable à la Coquette qui refufe fouvent ce

qu'elle brûle toujours d'accorder, j'en faisois quelque avare lecture à des gens préférés, qui croyoient devoir payer ma complaisance par un éloge pompeux de mon ouvrage.

O jours heureux ! Le lieu, le temps, l'auditoire à ma dévotion, & la magie d'une lecture adroite assurant mon succès, je glissois sur le morceau foible en appuyant les bons endroits : puis recueillant les suffrages du coin de l'œil, avec une orgueilleuse modestie, je jouissois d'un triomphe d'autant plus doux, que le jeu d'un fripon d'acteur ne m'en déroboit pas les trois quarts pour son compte.

Que reste-t-il, hélas ! de toute cette gibeciere ? A l'instant qu'il faudroit des miracles pour vous subjuguer ; quand la verge de Moyse y suffiroit à peine, je n'ai plus même la ressource du bâton de Jacob, plus d'escamotage, de tricherie, de coquetterie, d'inflexions de voix, d'illusion théatrale, rien. C'est ma vertu toute nue que vous allez juger.

Ne trouvez donc pas étrange, Monsieur, si, mesurant mon style à ma situation, je ne fais pas comme ces écrivains qui se donnent le ton de vous appeller négligemment, *Lecteur, ami lecteur, cher lecteur, benin ou Benoît lecteur*, ou de telle autre dénomination cavaliere, je dirois même indécente, par laquelle ces imprudents essayent de se mettre au pair avec leur juge, & qui ne fait bien souvent que leur en attirer l'animadversion. J'ai toujours vu que les airs ne séduisoient personne, & que le ton modeste d'un auteur pouvoit seul inspirer un peu d'indulgence à son fier lecteur.

Eh ! quel écrivain en eut jamais plus besoin que moi ! Je voudrois le cacher en vain : j'eus la

foibleſſe autrefois , monſieur , de vous préſenter ;
en différents temps , deux triſtes drames ; productions monſtrueuſes , comme on ſait ! car entre
la tragédie & la comédie , on n'ignore plus qu'il
n'exiſte plus rien ; c'eſt un point décidé , le maître
l'a dit , l'école en retentit, & pour moi j'en ſuis
tellement convaincu , que , ſi je voulois aujour-
d'hui mettre au théatre une mere éplorée ; une
épouſe trahie , une ſœur éperdue , un fils déshé-
rité ; pour les préſenter décemment au public , je
commencerois par leur ſuppoſer un beau royaume
où ils auroient régné de leur mieux , vers l'un des
Archipels , ou dans tel autre coin du monde.
Certain après cela , que l'invraiſemblance du ro-
man , l'énergie des faits , l'enflure des caracteres ,
le gigantesque des idées & la bouffiſſure du langage,
loin de m'être imputés à reproche , aſſureroient
encore mon ſuccès.

Préſenter des hommes d'une condition moyenne
accablés & dans le malheur ! Fi donc ! On ne doit
jamais les montrer que baffoués. Les citoyens ridi-
cules , & les rois malheureux ; voilà tout le théatre
exiſtant & poſſible ; & je me le tiens pour dit ; c'eſt
fait ; je ne veux plus quereller avec perſonne.

J'ai donc eu la foibleſſe autrefois , monſieur ,
de faire des drames qui n'étoient pas *du bon genre* ;
& je m'en repens beaucoup.

Preſſé depuis par les événements , j'ai haſardé de
malheureux mémoires , que mes ennemis n'ont pas
trouvé *du bon ſtyle* ; & j'en ai le remords cruel.

Aujourd'hui je fais gliſſer ſous vos yeux une comédie fort gaie , que certains maîtres de goût n'eſ-
timent pas *du bon ton* , & je ne m'en conſole point.

Peut-être un jour oſerai-je affliger votre oreille
d'un opéra , dont les jeunes gens d'autrefois diront

que la musique n'est pas *du bon François* ; & j'en
suis tout honteux d'avance.

Ainsi de fautes en pardons, & d'erreurs en ex-
cuses, je passerai ma vie à mériter votre indulgence, par la bonne foi naïve avec laquelle je re-
connoîtrai les unes en vous présentant les autres.

Quant au *Barbier de Séville*, ce n'est pas pour
corrompre votre jugement que je prends ici le
ton respectueux : mais on m'a fort assuré que,
lorsqu'un auteur étoit sorti, quoiqu'échiné, vain-
queur au théatre, il ne lui manquoit plus que
d'être agréé par vous, Monsieur, & lacéré dans
quelques journaux, pour avoir obtenu tous les
lauriers littéraires. Ma gloire est donc certaine,
si vous daignez m'accorder le laurier de votre
agrément ; persuadé que plusieurs de messieurs
les Journalistes ne me refuseront pas celui de leur
dénigrement.

Déjà l'un deux, établi dans Bouillon avec
approbation & privilége, m'a fait l'honneur en-
cyclopédique d'assurer à ses abonnés que ma
pièce étoit sans plan, sans unité, sans caractè-
res, vide d'intrigue & dénuée de comique.

Un autre plus naïf encore, à la vérité sans
approbation, sans privilege, & même sans encyclopédie, après un candide exposé de mon
drame, ajoute au laurier de sa critique, cet
éloge flatteur de ma personne : « La réputation
» du sieur de Beaumarchais est bien tombée ; &
» les honnétes gens font enfin convaincus que
,, lorsqu'on lui aura arraché les plumes du paon,
,, il ne restera plus qu'un vilain corbeau noir,
,, avec son effronterie & sa voracité. »

Puisqu'en effet j'ai eu l'effronterie de faire la
comédie du *Barbier de Séville* ; pour remplir

l'horofcope entier , je poufferai la voracité jufqu'à vous prier humblement , monfieur , de me juger vous-même , & fans égard aux critiques paffés , préfens & futurs ; car vous favez que , par état , les gens de feuilles font fouvent ennemis des gens de lettres ; j'aurai même la voracité de vous prévenir qu'étant faifi de mon affaire , il faut que vous foyez mon Juge abfolument , foit que vous le vouliez ou non ; car vous êtes mon lecteur.

Et vous fentez bien , Monfieur , que fi , pour éviter ce tracas , ou me prouver que je raifonne mal , vous refufiez conftamment de me lire , vous feriez vous-même une pétition de principes au-deffous de vos lumieres : n'étant pas mon lecteur , vous ne feriez pas celui à qui s'adreffe ma requête.

Que fi , par dépit de la dépendance où je parois vous mettre , vous vous avifiez de jetter le livre en cet inftant de votre lecture ; c'eft , monfieur , comme fi , au milieu de tout autre jugement , vous étiez enlevé du tribunal par la mort ou tel accident qui vous rayât du nombre des magiftrats. Vous ne pouvez éviter de me juger qu'en devenant nul , négatif , anéanti ; qu'en ceffant d'exifter en qualité de mon lecteur.

Eh ! quel tort vous fais-je en vous élevant au-deffus de moi ? Après le bonheur de commander aux hommes , le plus grand honneur , monfieur , n'eft-il pas de les juger ?

Voilà donc qui eft arrangé. Je ne reconnois plus d'autre juge que vous ; fans excepter meffieurs les Spectateurs , qui , ne jugeant qu'en premier reffort , voient fouvent leur fentence infirmée à votre tribunal.

L'affaire avoit d'abord été plaidée devant eux , au théatre , & ces meffieurs ayant beaucoup ri ,

j'ai pu penſer que j'avois gagné ma cauſe à l'audience. Point du tout ; le journaliſte établi dans
Bouillon, prétend que c'eſt de moi qu'on a ri. Mais
ce n'eſt là, Monſieur, comme on dit en ſtyle de
palais, qu'une mauvaiſe chicane de procureur :
mon but ayant été d'amuſer les Spectateurs ; qu'ils
aient ri de ma piece ou de moi ; s'ils ont ri de bon
cœur, le but eſt également rempli : ce que j'appelle avoir gagné ma cauſe à l'audience.

Le même journaliſte aſſure encore, ou du
moins laiſſe entendre, que j'ai voulu gagner quel-
ques-uns de ces meſſieurs, en leur faiſant des
lectures particulieres, en achevant d'avance leur
ſuffrage par cette prédilection. Mais ce n'eſt encore-là, Monſieur, qu'une difficulté de publiciſte
allemand. Il eſt manifeſte que mon intention
n'a jamais été que de les inſtruire : c'étoit des eſ-
peces de conſultations que je faiſois ſur le fond de
l'affaire. Que ſi les conſultans, après avoir donné leurs avis, ſe ſont mêlés parmi les juges ; vous
voyez bien, Monſieur, que je n'y pouvois rien
de ma part, & que c'étoit à eux de ſe recuſer par
délicateſſe, s'ils ſe ſentoient de la partialité pour
mon barbier Andaloux.

Eh ! plût au ciel qu'ils en euſſent un peu con-
ſervé pour ce jeune étranger ! nous aurions eu
moins de peine à ſoutenir notre malheur éphé-
mere ! Tels ſont les hommes : avez-vous du ſuccès ; ils vous accueillent, vous portent, vous ca-
reſſent, ils s'honorent de vous : mais gardez de
broncher : au moindre échec, O mes amis ! ſou-
venez-vous qu'il n'eſt plus d'amis.

Et c'eſt préciſément ce qui nous arriva le lendemain de la plus triſte ſoirée. Vous euſſiez vu
les foibles amis du barbier ſe diſperſer, ſe cacher

le vifage ou s'enfuir ; les femmes toujours , fi braves quand elles protegent, enfoncées dans les coqueluchons jufqu'aux panaches & baiffant des yeux confus ; les hommes courant fe vifiter, fe faire amende honorable du bien qu'ils avoient dit de ma piece , & rejettant fur ma maudite façon de lire les chofes , tout le faux plaifir qu'ils y avoient goûté. C'étoit une défertion totale, une vraie défolation.

Les uns lorgnoient à gauche, en me fentant paffer à droite , & ne faifoient plus femblant de me voir : Ah Dieux ! d'autres plus courageux , mais s'affurant bien fi perfonne ne les regardoit, m'attiroient dans un coin pour me dire : Eh ! comment avez-vous produit en nous cette illufion? car il faut en convenir , mon ami , votre piece eft la plus grande platitude du monde.

—Hélas , meffieurs ! j'ai lu ma platitude, en vérité , tout platement comme je l'avois faite ; mais au nom de la bonté que vous avez de me parler encore après ma chûte , & pour l'honneur de votre fecond jugement , ne fouffrez pas qu'on redonne la piece au théatre ; fi , par malheur , on venoit à la jouer comme je l'ai lue , on vous feroit peut-être une nouvelle tromperie , & vous vous en prendriez à moi de ne plus favoir quel jour vous eutes raifon ou tort ; ce qu'à Dieu ne plaife !

On ne m'en crut point ; on laiffa rejouer la piece , & pour le coup je fus prophete en mon pays. Ce pauvre Figaro, *feffé* par la cabale *en faux-bourdon* & prefque enterré le vendredi, ne fit point comme Candide, il prit courage ; & mon héros fe releva le dimanche avec une vigueur que l'auftérité d'un carême entier , & la fatigue de dix-fept féances publiques n'ont pas encore altérée.

Mais

Mais qui fait combien cela durera ? Je ne voudrois pas jurer qu'il en fût seulement queſtion dans cinq ou ſix ſiecles ; tant notre nation eſt inconſtante & légere.

Les ouvrages de théatre , monſieur , ſont comme les enfants des hommes. Conçus avec volupté , menés à terme avec fatigue , enfantés avec douleur , & vivant rarement aſſez pour payer les parents de leurs ſoins , ils coûtent plus de chagrins qu'ils ne donnent de plaiſirs. Suivez-les dans leur carriere ; à peine ils voient le jour , que , ſous prétexte d'enflure , on leur applique les cenſeurs ; pluſieurs en ſont reſtés en chartre. Au lieu de jouer doucement avec eux ; le cruel parterre les rudoye & les fait tomber. Souvent en les berçant , le comédien les eſtropie. Les perdez-vous un inſtant de vue ; on les retrouve , hélas ! traînant partout , mais dépenaillés , défigurés , rongés d'extraits , & couverts de critiques. Echappés à tant de maux , s'ils brillent un moment dans le monde , le plus grand de tous les atteint ; le mortel oubli les tue ; ils meurent & replongés au néant , les voilà perdus à jamais dans l'immenſité des livres.

Je demandai à quelqu'un pourquoi ces combats , cette guerre animée entre le parterre & l'auteur , à la premiere repréſentation des ouvrages , même de ceux qui devoient plaire un autre jour. Ignorez-vous , me dit-il , que Sophocle & le vieux Denis ſont morts de joie d'avoir remporté le prix des vers au théatre ? Nous aimons trop nos auteurs pour ſouffrir qu'un excès de joie nous prive d'eux , en les étouffant : auſſi pour les conſerver , avons-nous grand ſoin que leur triomphe ne ſoit jamais ſi pur , qu'ils puiſſent en expirer de plaiſir.

Quoi qu'il en ſoit des motifs de cette rigueur ;

l'enfant de mes loifirs, ce jeune, cet innocent *Barbier* tant dédaigné le premier jour, loin d'a-bufer le furlendemain de fon triomphe, ou de montrer de l'humeur à fes critiques, ne s'en eft que plus empreffé de les défarmer par l'enjouement de fon caractere.

Exemple rare & frappant, monfieur ! dans un fiecle d'ergotifme où l'on calcule tout jufqu'au rire ; où la plus légere diverfité d'opinions fait germer des haines éternelles, où tous les jeux tournent en guerre, où l'injure qui repouffe l'injure, eft à fon tour payée par l'injure, jufqu'à ce qu'une autre effaçant cette derniere, en enfante une nouvelle, auteur de plufieurs autres, & propage ainfi l'aigreur à l'infini, depuis le rire jufqu'à la fatiété, jufqu'au dégoût, à l'indignation même du lecteur le plus cauftique.

Quant à moi, monfieur ; s'il eft vrai, comme on l'a dit, que tous les hommes foient freres ; & c'eft une belle idée ; je voudrois qu'on pût engager nos freres les gens de lettres à laiffer, en difcutant, le ton rouge & tranchant à nos freres les libelliftes qui s'en acquittent fi bien ! ainfi que les injures à nos freres les plaideurs.... qui ne s'en acquittent pas mal non plus ! Je voudrois fur-tout, qu'on pût engager nos freres les journaliftes à renoncer à ce ton pédagogue & magiftral avec lequel ils gourmandent les fils d'Apollon, & font rire la fottife aux dépens de l'efprit.

Ouvrez un journal, ne femble-t-il pas voir un dur répétiteur, la férule ou la verge levée fur des écoliers négligents, les traiter en efclaves au plus léger défaut dans le devoir ? Eh, mes freres ! il s'agit bien de devoir ici ? La littérature en eft le délaffement & la douce récréation.

A mon égard au moins , n'efpérez pas affervir dans fes jeux , mon efprit à la regle : il eft incorrigible , & , la claffe du devoir une fois fermée , il devient fi léger & badin que je ne puis que jouer avec lui. Comme un liege emplumé qui bondit fur la raquette , il s'éleve , il retombe , égaie mes yeux , repart en l'air , y fait la roue , & revient encore. Si quelque joueur adroit veut entrer en partie & baloter à nous deux le léger volant de mes penfées , de tout mon cœur : s'il ripofte avec grace & légéreté , le jeu m'amufe , & la partie s'engage. Alors on pourroit voir les coups portés , parés , reçus , rendus , accélérés , preffés , relevés même avec une preffeffe , une agilité , propre à réjouir autant les fpectateurs qu'elle animeroit les acteurs.

Telle au moins , monfieur , devroit être la critique ; & c'eft ainfi que j'ai toujours conçu la difpute entre les gens polis qui cultivent les lettres.

Voyons , je vous prie , fi le journalifte de Bouillon a confervé dans fa critique ce caractere aimable & fur-tout de candeur pour lequel on vient de faire des vœux.

La piece eft une Farce, dit-il.

Paffons fur les qualités. Le méchant nom qu'un cuifinier étranger donne aux ragoûts françois ne change rien à leur faveur. C'eft en paffant par fes mains qu'ils fe dénaturent. Analyfons la farce de Bouillon.

La piece , a-t-il dit , n'a pas de plan.

Eft-ce parce qu'il eft trop fimple qu'il échappe à la fagacité de ce critique adolefcent ?

B 2.

Un vieillard amoureux prétend époufer demain fa pupille : un jeune amant plus adroit le prévient, & ce jour même, en fait fa femme à la barbe & dans la maifon du tuteur. Voilà le fond, dont on eût pu faire avec un égal fuccès, une tragédie, une comédie, un drame, un opéra, & cætera. L'*Avare* de Moliere eft-il autre chofe ? Le *Grand Mithridate* eft-il autre chofe ? Le genre d'une piece, comme celui de toute autre action, dépend moins du fond des chofes que des caracteres qui les mettent en œuvre.

Quant à moi, ne voulant faire, fur ce plan, qu'une piece amufante & fans fatigue, une efpece d'*Imbroille*, il m'a fuffi que le machinifte, au lieu d'être un noir fcélérat, fût un drôle de garçon, un homme infouciant, qui rit également du fuccès & de la chûte de fes entreprifes, pour que l'ouvrage, loin de tourner en drame férieux, devînt une comédie fort gaie : & de cela feul que le tuteur eft un peu moins fot que tous ceux qu'on trompe au théatre, il eft réfulté beaucoup de mouvement dans la piece, & fur-tout la néceffité d'y donner plus de reffort aux intrigants.

Au lieu de refter dans ma fimplicité comique, fi j'avois voulu compliquer, étendre & tourmenter mon plan à la maniere tragique ou *dramique* ; imagine-t-on que j'aurois manqué de moyens dans une aventure dont je n'ai mis en fcenes que la partie la moins merveilleufe ?

En effet, perfonne aujourd'hui n'ignore qu'à l'époque hiftorique où la piece finit gaiement dans mes mains, la querelle commença férieufement à s'échauffer, comme qui diroit derriere la toile, entre le Docteur & Figaro, fur les cent écus. Des injures on en vint aux coups. Le Docteur, étrillé

par Figaro, fit tomber en fe débattant le *refcille*
ou filet qui coëffoit le Barbier, & l'on vit, non
fans furprife, une forme de fpatule imprimée à
chaud fur fa tête rafée. Suivez-moi, monfieur,
je vous prie.

A cet afpect, moulu de coups qu'il eft, le médecin s'écrie avec tranfport : mon fils ! ô ciel,
mon fils, mon cher fils !.... Mais avant que Figaro
l'entende, il a redoublé de horions fur fon cher
pere. En effet, ce l'étoit.

Ce Figaro, qui pour toute famille avoit jadis
connu fa mere, eft fils naturel de Bartholo. Le
Médecin, dans fa jeuneffe, eut cet enfant d'une
perfonne en condition, que les fuites de fon imprudence firent paffer du fervice au plus affreux
abandon.

Mais avant de les quitter, le défolé Bartholo,
frater alors, a fait rougir fa fpatule, il en a tim-
bré fon fils à l'occiput, pour le reconnoître un
jour, fi jamais le fort les raffemble. La mere &
l'enfant avoient paffé fix années dans une honorable mendicité ; lorfqu'un chef de Bohémiens,
defcendu du Luc Gauric, traverfant l'Andaloufie
avec fa troupe, & confulté par la mere fur le
deftin de fon fils, déroba l'Enfant furtivement,
& laiffa par écrit cet horofcope à fa place.

> A près avoir verfé le fang dont il eft né,
> Ton Fils affommera fon Pere infortuné:
> Puis tournant fur lui-même & le fer & le crime,
> Il fe frappe, & devient heureux & légitime.

En changeant d'état fans le fçavoir, l'infortuné
jeune homme a changé de nom fans le vouloir : il
s'eft élevé fous celui de Figaro : il a vécu. Sa mere
eft cette Marceline, devenue vieille & gouvernan-

te chez le docteur, que l'affreux horoscope de son fils a consolé de sa perte. Mais aujourd'hui tout s'accomplit.

En saignant Marceline au pied, comme on le voit dans ma piece, ou plutôt comme on ne l'y voit pas, Figaro remplit le premier vers.

> Après avoir versé le sang dont il est né,

Quand il étrille innocemment le docteur, après la toile tombée, il accomplit le second vers.

> Ton fils assommera son pere infortuné.

A l'instant la plus touchante reconnoissance a lieu entre le médecin, la vieille & Figaro : *c'est vous ! c'est lui ! c'est toi ! c'est moi !* Quel coup de théatre ? Mais le fils au désespoir de son innocente vivacité, fond en larmes, & se donne un coup de rasoir, selon le sens du troisieme vers.

> Puis tournant sur lui-même & le fer & le crime,
> Il se frappe & .....

Quel tableau ? En n'expliquant point si, du rasoir, il se coupe la gorge ou seulement le poil du visage, on voit que j'avois le choix de finir ma piece au plus grand pathétique. Enfin le docteur épouse la vieille ; & Figaro, suivant la derniere leçon, ...

> ..... Devient heureux & légitime.

Quel dénouement ! Il ne m'en eût coûté qu'un sixieme acte. Et quel sixieme acte ! Jamais tragédie au théatre François..... Il suffit. Reprenons ma piece en l'état où elle a été jouée & critiquée. Lorsqu'on me reproche avec aigreur ce que j'ai fait ; ce n'eſt pas l'inſtant de louer ce que j'aurois pu faire.

La piece eſt invraiſemblable dans ſa conduite, a dit encore le journaliſte établi dans Bouillon avec approbation & privilege.

— Invraiſemblable ? Examinons cela par plaiſir. Son excellence M. le Comte Almaviva, dont j'ai, depuis long temps, l'honneur d'être ami particulier, eſt un jeune Seigneur, ou pour mieux dire, étoit, car l'âge & les grands emplois en ont fait depuis un homme fort grave, ainſi que je le ſuis devenu moi-même. Son excellence étoit donc un jeune ſeigneur Eſpagnol, vif, ardent, comme tous les amants de ſa nation que l'on croit froide & qui n'eſt que pareſſeuſe.

Il s'étoit mis ſecretement à la pourſuite d'une belle perſonne qu'il avoit entrevue à Madrid, & que ſon tuteur a bientôt ramenée au lieu de ſa naiſſance. Un matin qu'il ſe promenoit ſous ſes fenêtres à Séville, où depuis huit jours il cherchoit à s'en faire remarquer, le haſard conduiſit au même endroit Figaro le Barbier. — Ah le haſard ! dira mon critique : & ſi le haſard n'eût pas conduit ce jour-là le barbier dans cet endroit ; que devenoit la piece ? — Elle eût commencé, mon Frere, à quelqu'autre époque. — Impoſſible, puiſque le tuteur, ſelon vous-même, épouſoit le lendemain. — Alors il n'y auroit pas eu de piece, ou, s'il y en avoit eu, mon frere, elle auroit été différente. Une choſe eſt-elle invraiſemblable, parce qu'elle étoit poſſible autrement ?

Réellement vous avez un peu d'humeur. Quand le cardinal de Retz nous dit froidement : un jour

j'avois befoin d'un homme ; à la vérité je ne voulois qu'un fantôme ; j'aurois defiré qu'il fût petit-fils
de Henri le Grand ; qu'il eût de longs cheveux
blonds ; qu'il fût beau , bien fait , bien féditieux ;
qu'il eût le langage & l'amour des halles ; & voilà
que le hazard me fait rencontrer à Paris M. de Beaufort, échappé de la prifon du roi ; c'étoit juftement
l'homme qu'il me falloit. Va t-on dire au coadju-
teur : ah ! le hazard ! mais fi vous n'euffiez pas ren-
contré M. de Beaufort ! mais ceci , mais cela ?....

Le hazard donc , conduifit en ce même endroit,
Figaro le Barbier , beau difeur , mauvais poëte ,
hardi muficien , grand fringueneur de guittarre ,
& jadis valet-de-chambre du comte , établi dans
Séville , y faifant avec fuccès des barbes , des
romances & des mariages , y maniant également
le fer du Phlébotôme , & le pifton du Pharmacien ;
la terreur des maris , la coqueluche des femmes ;
& juftement l'homme qu'il nous falloit. Et comme en toute recherche , ce qu'on nomme paffion
n'eft autre chofe qu'un défir irrité par la contradic-
tion ; le jeune amant , qui n'eût peut - être eu
qu'un goût de fantaifie pour cette beauté , s'il
l'eût rencontrée dans le monde , en devient amoureux , parce qu'elle eft enfermée , au point de faire
l'impoffible pour l'époufer.

Mais vous donner ici l'extrait entier de la piece ,
monfieur , feroit douter de la fagacité , de l'adreffe
avec laquelle vous faifirez le deffein de l'auteur , &
fuivrez le fil de l'intrigue , en la lifant. Moins pré-
venu que le journal de Bouillon , qui fe trompe
avec approbation & privilege , fur toute la conduite de cette piece , vous y verrez que *tous les
foins de l'amant* ne *font* pas *deftinés à remettre
fimplement une lettre* , qui n'eft là qu'un léger

acceffoire

accessoire à l'intrigue ; mais bien à s'établir dans un fort défendu par la vigilance & le soupçon ; sur-tout à tromper un homme, qui, sans cesse, éventant la manœuvre, oblige l'ennemi de se retourner assez lestement, pour n'être pas désarçonné d'emblée.

Et lorsque vous verrez que tout le mérite du dénouement consiste en ce que le tuteur a fermé sa porte, en donnant son passe-par-tout à Bazile, pour que lui seul & le notaire pussent entrer & conclure son mariage ; vous ne laisserez pas d'être étonné, qu'un critique aussi équitable se joue de la confiance de son lecteur, ou se trompe, au point d'écrire, & dans Bouillon encore : *le Comte s'est donné la peine de monter au balcon par une échelle avec Figaro, quoique la porte ne soit pas fermée.*

Enfin lorsque vous verrez le malheureux tuteur, abusé par toutes les précautions qu'il prend pour ne le point être, à la fin forcé de signer au contrat du Comte & d'approuver ce qu'il n'a pu prévenir ; vous laisserez au critique à décider si ce tuteur étoit un *imbécille*, de ne pas deviner une intrigue dont on lui cachoit tout ; lorsque lui critique, à qui l'on ne cachoit rien, ne l'a pas devinée plus que le tuteur.

En effet s'il l'eût bien conçue, auroit-il manqué de louer tous les beaux endroits de l'ouvrage ?

Qu'il n'ait point remarqué la maniere dont le premier acte annonce & déploie avec gaieté tous les caracteres de la piece. On peut lui pardonner.

Qu'il n'ait pas apperçu quelque peu de comédie dans la grande scène du second acte, où, malgré la défiance & la fureur du jaloux, la pupille parvient à lui donner le change sur une lettre remise en fa préfence, & à lui faire demander pardon à genoux du foupçon qu'il a montré. Je le conçois encore aifément.

Qu'il n'ait pas dit un feul mot de la fcène de ftu-péfaction de Bazile, au troifieme acte, qui a paru fi neuve au théâtre, & a tant réjoui les fpectateurs. Je n'en fuis point furpris du tout.

Paffe encore qu'il n'ait pas entrevu l'embarras où l'auteur s'eft jeté volontairement au dernier acte, en faifant avouer par la pupille à fon tuteur que le Comte avoit dérobé la clé de la jaloufie ; & comment l'auteur s'en démêle en deux mots, & fort en fe jouant de la nouvelle inquiétude qu'il a imprimée au fpectateur. C'eft peu de chofe en vérité.

Je veux bien qu'il ne lui foit pas venu à l'efprit, que la piece, une des plus gaies qui foient au théâtre, eft écrite fans la moindre équivoque, fans une penfée, un feul mot, dont la pudeur, même des petites loges, ait à s'alarmer ; ce qui pourtant eft bien quelque chofe, monfieur, dans un fiecle où l'hypocrifie de la décence eft pouffée prefque auffi loin que le relâchement des mœurs. Très - volontiers. Tout cela fans doute pouvoit n'être pas digne de l'attention d'un critique auffi majeur.

Mais comment n'a-t-il pas admiré ce que tous les honnêtes gens n'ont pu voir fans répandre des larmes de tendreffe & de plaifir ? je veux dire, la piété filiale de ce bon Figaro, qui ne fauroit oublier fa mere !

Tu connois donc ce tuteur ? lui dit le comte au premier acte. *Comme ma mere*, répond Figaro. Un avare auroit dit : *comme mes poches.* Un petit-maître eût répondu : *comme moi-même.* Un ambitieux : *comme le chemin de Verfailles* ; & le journalifte de Bouillon : *comme mon libraire* : les comparaifons de chacun fe tirant toujours de l'objet intéreffant. *Comme ma mere*, a dit le fils tendre & refpectueux !

Dans un autre endroit encore, *ah*, *vous êtes charmant* ! lui dit le tuteur. Et ce bon, cet honnête garçon, qui pouvoit gaiement affimiler cet éloge à tous ceux qu'il a reçus de fes maîtreffes, en revient toujours à fa bonne mere, & répond à ce mot : *vous êtes charmant* ! --- *Il eft vrai, monfieur, que ma mere me l'a dit autrefois.* Et le journal de Bouillon ne releve point de pareils traits ! il faut avoir le cerveau bien defféché pour ne les pas voir, ou le cœur bien dur pour ne pas les fentir *!*

Sans compter mille autres fineffes de l'art répandues à pleines mains dans cet ouvrage. Par exemple, on fait que les comédiens ont multiplié chez eux les emplois à l'infini : emplois de grande, moyenne & petite amoureufe ; emplois de grands, moyens & petits valets ; emplois de niais, d'important, de croquant, de payfan, de tabellion, de bailli : mais on fait qu'ils n'ont pas encore appointé celui de bâillant. Qu'a fait l'auteur pour former un comédien, peu exercé au talent d'ouvrir largement la bouche au théâtre ? Il s'eft donné le foin de lui raffembler dans une feule phrafe, toutes les fyllabes bâillantes du françois : *rien... qu'en... l'en... en... ten... dant... parler :* fyllabes en effet qui feroient bâiller un mort, & parviendroient à defferrer les dents même de l'envie !

Et cet endroit admirable où, preffé par les reproches du tuteur qui lui crie, *que direz - vous à ce malheureux qui bâille & dort tout éveillé? Et l'autre qui depuis trois heures éternue à se faire sauter le crâne & jaillir la cervelle, que leur direz-vous?* Le naïf Barbier répond : *& parbleu! je dirai à celui qui éternue, Dieu vous bénisse; & va te coucher à celui qui dort.* Réponse en effet si juste, si chrétienne & si admirable qu'un de ces fiers critiques qui ont leurs entrées au paradis, n'a pu s'empêcher de s'écrier : ״ diable ! l'auteur a dû ״ rester au moins huit jours à trouver cette re- ״ plique ״ !

Et le journal de Bouillon, au lieu de louer ces beautés sans nombre, use encre & papier, approbation & privilege, à mettre un pareil ouvrage au-dessous même de la critique ! On me couperoit le cou, monsieur, que je ne saurois m'en taire.

N'a-t-il pas été jusqu'à dire, le cruel ! *que pour ne pas voir expirer ce Barbier sur le théatre, il a fallu le mutiler, le changer, le refondre, l'é-laguer, le réduire en quatre actes, & le purger d'un grand nombre de pasquinades, de calembourgs, de jeux de mots, en un mot de bas comique ?*

A le voir ainsi frapper comme un sourd, on juge assez qu'il n'a pas entendu le premier mot de l'ouvrage qu'il décompose. Mais j'ai l'honneur d'assurer ce journaliste, ainsi que le jeune homme qui lui taille ses plumes & ses morceaux, que, loin d'avoir purgé la piece d'aucuns des *calembourgs, jeux de mots,* &c. qui lui eussent nui le premier jour, l'auteur a fait rentrer dans les actes restés au théatre, tout ce qu'il en a pu reprendre à l'acte au porte-feuille : tel un charpentier économe cherche dans ses copeaux épars sur le chantier, tout ce qui peut servir à cheviller & boucher les moindres trous de son ouvrage.

Passerons-nous sous silence le reproche aigu qu'il fait à la jeune personne , d'avoir *tous les défauts d'une fille mal élevée* ? Il est vrai que , pour échapper aux conséquences d'une telle imputation , il tente à la rejetter sur autrui , comme s'il n'en étoit pas l'auteur , en employant cette expression banale : *on trouve à la jeune personne* , &c. On trouve !...

Que vouloit-il donc qu'elle fit ? Quoi ! qu'au lieu de se prêter aux vues d'un jeune amant très-aimable & qui se trouve un homme de qualité , notre charmante enfant épousât le vieux podagre médecin ? Le noble établissement qu'il lui destinoit-là ! & parce qu'on n'est pas de l'avis de monsieur , on *a tous les défauts d'une fille mal élevée*.

En vérité , si le journal de Bouillon se fait des amis en France par la justesse & la candeur de ses critiques , il faut avouer qu'il en aura beaucoup moins au delà des Pyrénées , & qu'il est sur tout un peu bien dur pour les dames Espagnoles.

Eh ! qui sait si son excellence , madame la comtesse Almaviva , l'exemple des femmes de son état , & vivant comme un ange avec son mari , quoiqu'elle ne l'aime plus , ne se ressentira pas un jour des libertés qu'on se donne à Bouillon sur elle , avec approbation & privilege ?

L'imprudent journaliste a-t-il au moins réfléchi que son excellence , ayant , par le rang de son mari , le plus grand crédit dans les bureaux , eût pu lui faire obtenir quelque pension sur la gazette d'Espagne , ou la gazette elle-même , & que dans la carriere qu'il embrasse , il faut garder plus de ménagements pour les femmes de qualité ? Qu'est-ce que cela me fait à moi ? L'on sent bien que c'est pour lui seul que j'en parle !

Il est temps de laisser cet adversaire ; quoiqu'il

foit à la tête des gens qui prétendent que , *n'ayant pu me foutenir en cinq actes , je me fuis mis en quatre pour ramener le public.* Et quand cela feroit ! dans un moment d'oppreffion , ne vaut-il pas mieux facrifier un cinquieme de fon bien que de le voir aller tout entier au pillage ? Mais ne tombez pas , cher lecteur... (Monfieur , veux-je dire ,) ne tombez pas , je vous prie , dans une erreur populaire qui feroit grand tort à votre jugement.

Ma piece qui paroît n'être aujourd'hui qu'en quatre actes , eft réellement & de fait en cinq , qui font le premier , le fecond , le troifieme , le quatrieme & le cinquieme , à l'ordinaire.

Il eft vrai que le jour du combat , voyant les ennemis acharnés , le parterre ondulant , agité , grondant au loin comme les flots de la mer ; & trop certain que ces mugiffements fourds , pré-curfeurs des tempêtes , ont amené plus d'un nau-frage , je vins à réfléchir que beaucoup de pieces en cinq actes (comme la mienne) toutes très-bien faites d'ailleurs (comme la mienne) n'auroient pas été au diable en entier (comme la mienne) fi l'auteur eût pris un parti vigoureux (comme le mien.)

Le Dieu des cabales eft irrité , dis - je aux Comédiens avec force ;

Enfants ! un facrifice eft ici néceffaire.

Alors , faifant la part au diable & déchirant mon manufcrit : Dieu des Siffleurs , Moucheurs , Cra-cheurs , Touffeurs & Perturbateurs , m'écriai-je , il te faut du fang ! bois mon quatrieme acte , & que ta fureur s'appaife !

A l'inftant vous euffiez vu ce bruit infernal

qui faifoit pâlir & broncher les acteurs, s'affoiblir ; s'éloigner, s'anéantir ; l'applaudiffement lui fuc-céder, & des bas fonds du parterre un *bravo* gé-néral s'élever en circulant jufqu'aux hauts bancs du paradis.

De cet expofé, Monfieur, il fuit que ma piece eft reftée en cinq actes, qui font le premier, le fecond, le troifieme au théatre, le quatrieme au diable & le cinquieme avec les trois premiers. Tel auteur même vous foutiendra que ce quatrieme acte, qu'on n'y voit point, n'en eft pas moins celui qui fait le plus de bien à la piece, en ce qu'on ne l'y voit point.

Laiffons jafer le monde ; il me fuffit d'avoir prouvé mon dire. Il me fuffit, en faifant mes cinq actes, d'avoir montré mon refpect pour Ariftote, Horace, Aubignac & les Modernes, & d'avoir mis ainfi l'honneur de la regle à couvert.

Par le fecond arrangement, le diable a fon affaire ; mon char n'en roule pas moins bien fans la cinquieme roue ; le public eft content, je le fuis auffi. Pourquoi le journal de Bouillon ne l'eft-il pas ? — Ah ! Pourquoi ! C'eft qu'il eft bien difficile de plaire à des gens qui, par métier, doivent ne jamais trouver les chofes gaies affez férieufes, ni les graves affez enjouées.

Je me flatte, Monfieur, que cela s'appelle raifonner principes, & que vous n'êtes pas mé-content de mon petit fyllogifme.

Refte à répondre aux obfervations dont quelques perfonnes ont honoré le moins important des drames hafardés depuis un fiecle au théatre.

Je mets à part les lettres écrites aux comédiens, à moi-même, fans fignature & vulgairement ap-pellées anonymes ; on juge à l'âpreté du ftyle, que leurs auteurs, peu verſés dans la critique, n'ont pas aſſez ſenti qu'une mauvaiſe piece n'eſt point une mauvaiſe action, & que telle injure convenable à un méchant homme, eſt toujours déplacée à un méchant écrivain. Paſſons aux avtres.

Des connoiſſeurs ont remarqué que j'étois tombé dans l'inconvénient de faire critiquer des uſages François par un plaiſant de Séville à Séville ; tandis que la vraiſemblance exigeoit qu'il s'égayât ſur les mœurs Eſpagnoles. Ils ont raiſon : j'y avois même tellement penſé, que pour rendre la vraiſemblance encore plus parfaite, j'avois d'abord réſolu d'écrire & de faire jouer la piece en langage Eſpagnol ; mais un homme de goût m'a fait obſerver qu'elle en perdroit peut-être un peu de ſa gaieté pour le public de Paris ; raiſon qui m'a déterminé à l'écrire en François ; en ſorte que j'ai fait, comme on voit, une multitude de ſacrifices à la gaieté ; mais ſans pouvoir parvenir à dérider le journal de Bouillon.

Un autre amateur, ſaiſiſſant l'inſtant qu'il y avoit beaucoup de monde au foyer, m'a reproché du ton le plus ſérieux, que ma piece reſſembloit à *On ne s'aviſe jamais de tout.* — Reſſembler, Monſieur ! Je ſoutiens que ma piece eſt, *On ne s'aviſe jamais de tout*, lui-même. — Et comment cela ? — C'eſt qu'on ne s'étoit pas encore aviſé de ma piece. L'amateur reſta court ; & l'on en rit d'autant plus, que celui-là qui me reprochoit, on ne s'aviſe jamais de tout, eſt un homme qui ne s'eſt jamais aviſé de rien.

Quelques jours après, ceci eſt plus ſérieux, chez une Dame incommodée, un Monſieur grave, en habit noir, coëffure bouffante & canne à corbin, lequel touchoit légérement le poignet de la Dame,

propoſa

propofa civilement plufieurs doutes fur la vérité des traits que j'avois lancé contre les Médecins. Monfieur , lui dis-je , êtes-vous ami de quelqu'un d'eux ? Je ferois défolé qu'un badinage.... — On ne peut pas moins : je vois que vous ne me connoiffez pas , je ne prends jamais le parti d'aucun ; je parle ici pour le corps en général.— Cela me fit beaucoup chercher quel homme ce pouvoit être. En fait de plaifanterie , ajoutai-je , vous favez , Monfieur , qu'on ne demande jamais fi l'hiftoire eft vraie , mais fi elle eft bonne. — Eh ! croyez-vous moins perdre à cet examen qu'au premier ? — A merveille , Docteur , dit la Dame. Le monftre qu'il eft ! n'a-t-il pas ofé parler mal auffi de nous ! Faifons caufe commune.

A ce mot de *Docteur* , je commençai à foupçonner qu'elle parloit à fon Médecin. Il eft vrai , Madame & Monfieur , repris-je avec modeftie , que je me fuis permis ces légers torts , d'autant plus aifément qu'ils tirent moins à conféquence.

Eh! qui pourroit nuire à deux corps puiffants , dont l'empire embraffe l'univers & fe partage le monde! Malgré les envieux , les belles y régneront toujours par le plaifir , & les Médecins par la douleur : & la brillante fanté nous ramene à l'amour , comme la maladie nous rend à la médecine.

Cependant je ne fais fi , dans la balance des avantages , la faculté ne l'emporte pas un peu fur la beauté. Souvent on voit les belles nous renvoyer aux Médecins ; mais plus fouvent encore , les Médecins nous gardent & ne nous renvoient plus aux Belles.

En plaifantant donc , il faudroit peut-être avoir égard à la différence des reffentiments , & fonger que, fi les Belles fe vengent en fe féparant de nous,

D

ce n'eſt-là qu'un mal négatif ; au lieu que les Médecins ſe vengent en s'en emparant , ce qui devient
très-poſitif.

Que , quand ces derniers nous tiennent , ils font
de nous tout ce qu'ils veulent ; au lieu que les
Belles , toutes belles qu'elles ſont , n'en font jamais
que ce qu'elles peuvent.

Que le commerce des Belles nous les rend bientôt moins néceſſaires ; au lieu que l'uſage des Médecins finit par nous les rendre indiſpenſables.

Enfin , que l'un de ces empires ne ſemble établi
que pour aſſurer la durée de l'autre ; puiſque ,
plus la verte jeuneſſe eſt livrée à l'amour , plus
la pâle vieilleſſe appartient ſûrement à la médecine.

Au reſte , ayant fait contre moi cauſe commune , il étoit juſte , Madame & Monſieur , que
je vous offriſſe en commun mes juſtifications.
Soyez donc perſuadés que faiſant profeſſion d'a-
dorer les belles & de redouter les médecins , c'eſt
toujours en badinant que je dis du mal de la
beauté ; comme ce n'eſt jamais ſans trembler que
je plaiſante un peu la faculté.

Ma déclaration n'eſt point ſuſpecte à votre
égard , meſdames , & mes plus acharnés ennemis
ſont forcés d'avouer que , dans un inſtant d'humeur
où mon dépit contre une belle alloit s'épancher
trop librement ſur toutes les autres , on m'a vu
m'arrêter tout court au 25e. couplet , & ,
par le plus prompt repentir , faire ainſi dans le
26e. amende-honorable aux Belles irritées :

> Sexe charmant , ſi je décèle
> Votre cœur en proie au deſir ,
> Souvent à l'amour infidele ;
> Mais toujours fidele au plaiſir ;
> D'un badinage , ô mes déeſſes !

Ne cherchez point à vous venger :
Tel glofe , hélas ! fur vos foibleffes
Qui brûle de les partager.

Quant à vous, monfieur le doɕeur, on fait affez
que Moliere. . . .
— Au défefpoir , dit-il en fe levant , de ne pouvoir profiter plus long - temps de vos lumieres :
mais l'humanité qui gémit ne doit pas fouffrir de
de mes plaifirs. Il me laiffa , ma foi , la bouche
ouverte avec ma phrafe en l'air. Je ne fais pas ,
dit la belle malade en riant , fi je vous pardonne ;
mais je vois bien que notre doɕeur ne vous pardonne pas. — Le nôtre , madame ? Il ne fera
jamais le mien. — Et ! pourquoi ? — Je ne fais ;
je craindrois qu'il ne fût au-deffous de fon état ,
puifqu'il n'eft pas au-deffus des plaifanteries qu'on
en peut faire.
Ce doɕeur n'eft pas de mes gens. L'homme
affez confommé dans fon art pour en avouer de
bonne foi l'incertitude, affez fpirituel pour rire
avec moi de ceux qui le difent infaillible ; tel eft
mon médecin. En me rendant fes foins qu'ils ap-
pellent des vifites, en me donnant fes confeils qu'ils
nomment ordonnances , il remplit dignement &
fans fafte la plus noble fonɕion d'une ame éclai-
rée & fenfible. Avec plus d'efprit , il calcule
plus de rapports , & c'eft tout ce qu'on peut
dans un art auffi utile qu'incertain. Il me raifonne ,
il me confole , il me guide , & la nature fait
le refte. Auffi , loin de s'offenfer de la plaifanterie , eft-il le premier à l'oppofer au pédan-
tifme. A l'infatué qui lui dit gravement : « De
» quatre-vingt fluxions de poitrine que j'ai trai-
» tées cet Automne , un feul malade a péri dans
» mes mains ; mon doɕeur répond en fouriant :

“ Pour moi , j'ai prêté mes fecours à plus de cent
  ,, cet hiver : hélas ! je n'en ai pu fauver qu'un
  ,, feul,,. Tel eft mon aimable médecin. — Je le
connois. — Vous permettez bien que je ne l'é-
change pas contre le vôtre. Un pédant n'aura pas
plus ma confiance en maladie qu'une bégueule n'ob-
tiendroit mon hommage en fanté. Mais je ne fuis
qu'un fot. Au lieu de vous rappeller mon amende honorable au beau fexe , je devois lui chanter le couplet de la bégueule ; il eft tout fait pour lui.

> Pour égayer ma poéfie ,
> Au hafard j'affemble des traits :
> J'en fais , peintre de fantaifie ,
> Des tableaux , jamais des portraits.
> La femme d'efprit , qui s'en moque ,
> Sourit finement à l'Auteur :
> Pour l'imprudente qui s'en choque ,
> Sa colere eft fon délateur.

— A propos de chanfon , dit la dame. Vous êtes
bien honnête d'avoir été donner votre piece aux
François ! moi qui n'ai de petite loge qu'aux Ita-
liens ! pourquoi n'en avoir pas fait un opéra comique ? ce fut , dit - on , votre premiere idée. La
piece eft d'un genre à comporter de la mufique.

— Je ne fais fi elle eft propre à la fupporter , ou
fi je m'étois trompé d'abord en le fuppofant ; mais
fans entrer dans les raifons qui m'ont fait changer
d'avis , celle ci , madame , répond à tout.
Notre mufique dramatique reffemble trop encore à notre mufique chanfonniere pour en attendre
un véritable intérêt ou de la gaieté franche. Il faudra commencer à l'employer férieufement au théatre quand on fentira bien qu'on ne doit y chanter
que pour parler ; quand nos muficiens fe rapproche-
ront de la nature , & fur-tout cefferont de s'impo-

fer l'abfurde loi de toujours revenir à la premiere partie d'un air après qu'ils en ont dit la feconde. Eft-ce qu'il y a des reprifes & des rondeaux dans un drame ? Ce cruel radotage eft la mort de l'inté-rêt , & dénote un vide infupportable dans les idées.

Moi qui toujours ai chéri la mufique fans inconf-tance & même fans infidélité ; fouvent , aux pieces qui m'attachent le plus , je me furprends à pouffer de l'épaule , à dire tout bas avec humeur : eh ! va donc mufique ! pourquoi toujours répéter ? N'es-tu pas affez lente ? Au lieu de narrer vivement , tu rabaches ! au lieu de peindre la paffion , tu t'ac-croches aux mots ! le poëte fe tue à ferrer l'événe-ment , & toi tu le délayes ? Que lui fert de rendre fon ftyle énergique & preffé , fi tu l'enfévelis fous d'inutiles fredons ? Avec ta ftérile abondance , refte refte aux chanfons pour toute nourriture , jufqu'à ce que tu connoiffes le langage fublime & tumul-tueux des paffions.

En effet , fi la déclamation eft déja un abus de la narration au théatre , le chant , qui eft un abus de la déclamation , n'eft donc , comme on voit , que l'abus de l'abus. Ajoutez-y la répétition des phrafes & voyez ce que devient l'intérêt. Pen-dant que le vice ici va toujours en croiffant , l'intérêt marche à fens contraire ; l'action s'allan-guit ; quelque chofe me manque ; je deviens diftrait ; l'ennui me gagne ; & fi je cherche alors à deviner ce que je voudrois , il m'arrive fouvent de trouver que je voudrois la fin du fpectacle.

Il eft un autre art d'imitation , en général beau-coup moins avancé que la mufique ; mais qui femble en ce point lui fervir de leçon. Pour la variété feu-lement la danfe élevée eft déja le modele du chant.

Voyez le fuperbe Veftris ou le fier d'Auberval

engager un pas de caractere. Il ne danse pas encore;
mais d'aussi loin qu'il paroît , son port libre & dégagé fait déja lever la tête aux spectateurs. Il inspire
autant de fierté qu'il promet de plaisirs. Il est parti.... Pendant que le musicien redit vingt fois ses
phrases & monotone ses mouvements , le danseur
varie les siens à l'infini.

Le voyez - vous s'avancer légérement à petits
bonds , reculer à grands pas , & faire oublier le
comble de l'art par la plus ingénieuse négligence ?
Tantôt sur un pied , gardant le plus savant équi-
libre , & suspendu sans mouvement pendant plusieurs mesures , il étonne , il surprend par l'im-
mobilité de son à plomb..... Et soudain , comme s'il
regrettoit le temps du repos, il part comme un trait,
vole au fond du théatre , & revient, en pirouetant,
avec une rapidité que l'œil peut suivre à peine.

L'air a beau recommencer , rigaudonner , se
répéter , se radoter ; il ne se répete point , lui !
tout en déployant les mâles beautés d'un corps
souple & puissant , il peint les mouvemens vio-
lens dont son ame est agitée : il vous lance un
regard passionné que ses bras mollement ouverts
rendent plus expressif : & comme s'il se lassoit
bientôt de vous plaire , il se releve avec dedain ,
se dérobe à l'œil qui le suit , & la passion la plus
douce fougueuse semble alors naître & sortir de la
plus ivresse. Impétueux , turbulent , il exprime
une colere si bouillante & si vraie qu'il m'arrache à mon siege & me fait froncer le sourcil.
Mais , reprenant soudain le geste & l'accent d'une
volupté paisible , il erre nonchalamment avec
une grace , une mollesse , & des mouvements si
délicats , qu'il enleve autant de suffrages qu'il y a
de regards attachés sur sa danse enchanteresse.

Compositeurs ! chantez comme il danse, & nous aurons, au lieu d'opéra, des mélodrames ! Mais j'entends mon éternel censeur, (je ne sais plus s'il est d'ailleurs ou de Bouillon,) qui me dit : Que prétend - on par ce tableau ? Je vois un talent supérieur ; & non la danse en général. C'est dans sa marche ordinaire qu'il faut saisir un art pour le comparer & non dans ses efforts les plus sublimes.. N'avons-nous pas....

—Je l'arrête à mon tour. Et quoi ? si je veux peindre un coursier & me former une juste idée de ce noble animal ; irai-je le chercher hongre & vieux, gémissant au timon du fiacre, ou trotinant sous le plâtrier qui siffle ? Je le prends au haras, fier étalon, vigoureux, découplé, l'œil ardent, frappant la terre & soufflant le feu par les nazeaux ; bondissant de desirs & d'impatience, ou fendant l'air qu'il électrise, & dont le brusque hennissement réjouit l'homme & fait tressaillir toutes les cavalles de la contrée. Tel est mon danseur.

Et quand je crayonne un art, c'est parmi les plus grands sujets qui l'exercent que j'entends choisir mes modeles ; tous les efforts du génie... mais je m'éloigne trop de mon sujet ; revenons au Barbier de Séville..... ou plutôt, Monsieur, n'y revenons pas. C'est assez pour une bagatelle. Insensiblement je tomberois dans le défaut reproché trop justement à nos François, de toujours faire de petites chansons sur les grandes affaires, & de grandes dissertations sur les petites.

Je suis, avec le plus profond respect,

MONSIEUR,

Votre très-humble & très-obéissant serviteur,

L'AUTEUR.

LE BARBIER DE SÉVILLE,
OU LA
PRECAUTION INUTILE.

ACTE PREMIER.

*Le théâtre repréſente une rue de Séville ;
où toutes les croiſées ſont grillées.*

SCENE PREMIERE.

LE COMTE, *ſeul, en grand manteau brun &
chapeau rabattu. Il tire ſa montre, en ſe promenant.*

LE jour eſt moins avancé que je ne croyois.
L'heure à laquelle elle a coutume de ſe montrer derriere ſa jalouſie, eſt encore éloignée. N'importe,
il vaut mieux arriver trop tôt que de manquer
l'inſtant de la voir. Si quelque aimable de la cour,
pouvoit me deviner à cent lieues de Madrid, arrêté
tous les matins ſous les fenêtres d'une femme à qui

A ij

je n'ai jamais parlé ; il me prendroit pour un Espagnol du temps d'Isabelle. --- Pourquoi non ? Chacun court après le bonheur : il est pour moi dans le cœur de Rosine. --- Mais quoi ! suivre une femme à Séville , quand Madrid & la cour offrent de toutes parts des plaisirs si faciles ? --- Et c'est cela même que je fuis. Je suis las des conquêtes que l'intérêt, la convenance , ou la vanité nous présentent sans cesse. Il est si doux d'être aimé pour soi-même ; & si je pouvois m'assurer sous ce déguisement..... Au diable l'importun.

SCENE II.

FIGARO, LE COMTE *caché.*

FIGARO, *une guittarre sur le dos attachée en bandouliere avec un large ruban ; il chantonne gaiement un papier & un crayon à la main.*

BANNISSONS le chagrin,
Il nous consume :
Sans le feu du bon vin,
Qui nous rallume ;
Réduit à languir,
L'homme sans plaisir,
Vivroit comme un sot,
Et mourroit bientôt ;
Jusques-là , ceci ne va pas mal, ein, ein.
Et mourroit bientôt.
Le vin & la paresse
Se disputent mon cœur....
Eh non ! ils ne se le disputent pas , ils y régnent paisiblement ensemble .....
Se partagent....mon cœur.
dit-on , se partagent ?.... Eh mon Dieu ! nos faiseurs d'Opéra comiques n'y regardent pas de si près.

Aujourd'hui, ce qui ne vaut pas la peine d'être dit, on le chante.

(*Il chante.*)
Le vin & la pareffe
Se partagent mon cœur.

Je voudrois finir par quelque chofe de beau, de bril-lant, de fcintillant, qui eût l'air d'une penfée.

(*il met un genou en terre & écrit en chantant.*)
Se partagent mon cœur,
Si l'une à ma tendreffe ....
L'autre fait mon bonheur.

Fi donc! c'eft plat. Ce n'eft pas ça .... Il me faut une oppofition, une antithèfe :
Si l'une .... eft ma maîtreffe,
L'autre ....

Eh parbleu j'y fuis ....
L'autre eft mon ferviteur.

Fort bien, Figaro! .... (*il écrit en chantant.*)
Le vin & la pareffe
Se partagent mon cœur ;
Si l'une eft ma maîtreffe,
L'autre eft mon ferviteur.
L'autre eft mon ferviteur,
L'autre eft mon ferviteur.

Hen, hen, quand il y aura des accompagnemens là-deffous, nous verrons encore, Meffieurs de la cabale, fi je ne fais ce que je dis. (*Il apperçoit le Comte.*) J'ai vu cet Abbé-là quelque part. (*il fe relève.*)

LE COMTE *à part.*
Cet homme ne m'eft pas inconnu.

FIGARO.
Et non, ce n'eft pas un abbé! Cet air altier & noble ....

LE COMTE.
Cette tournure grotefque ....

FIGARO.
Je ne me trompe point ; c'eft le Comte Almaviva.

LE COMTE.
Je crois que c'eft ce coquin de Figaro.

FIGARO.

C'eſt lui-même, Monſeigneur.

LE COMTE.

Maraud ! ſi tu dis un mot...

FIGARO.

Oui, je vous reconnois ; voilà les bontés familie-
res dont vous m'avez toujours honoré.

LE COMTE.

Je ne te reconnoiſſois pas, moi. Te voilà ſi gros
& ſi gras.....

FIGARO.

Que voulez-vous, monſeigneur, c'eſt la miſere.

LE COMTE.

Pauvre petit ! mais que fais-tu à Séville ? Je t'avois
autrefois recommandé dans les bureaux pour un emploi.

FIGARO.

Je l'ai obtenu, Monſeigneur, & ma reconnoiſ-
ſance.......

LE COMTE.

Appelle-moi Lindor. Ne vois-tu pas à mon déguiſement que je veux être inconnu ?

FIGARO.

Je me retire.

LE COMTE.

Au contraire. J'attends ici quelque choſe ; & deux
hommes qui jaſent, ſont moins ſuſpects qu'un ſeul
qui ſe proméne. Ayons l'air de jaſer. Eh bien ! cet
emploi ?

FIGARO.

Le miniſtre ayant égard à la recommandation de
votre excellence, me fit nommer, ſur le champ,
garçon apothicaire.

LE COMTE.

Dans les hôpitaux de l'armée ?

FIGARO.

Non ; dans les haras d'Andalouſie.

LE COMTE, *riant.*

Beau début !

FIGARO.

Le poste n'étoit pas mauvais ; parce qu'ayant le district des pansemens & des drogues, je vendois souvent aux hommes de bonnes médecines de cheval...

LE COMTE.

Qui tuoient les sujets du roi !

FIGARO.

Ah, ah, il n'y a point de remede universel : mais qui n'ont pas laissé de guérir quelquefois des Galiciens, des Catalans, des Auvergnats.

LE COMTE.

Pourquoi donc l'as-tu quitté ?

FIGARO.

Quitté ? C'est bien lui-même ; on m'a desservi auprès des puissances.

L'envie aux doigts crochus, au teint pâle & livide....

LE COMTE.

Oh grace ! grace, ami ! est-ce que tu fais aussi des vers ? Je t'ai vu là griffonnant sur ton genou & chantant dès le matin.

FIGARO.

Voilà précisément la cause de mon malheur, excellence. Quand on a rapporté au ministre que je faisois, je puis dire assez joliment, des bouquets à Cloris, que j'envoyois des énigmes aux journaux, qu'il couroit des madrigaux de ma façon ; en un mot, quand il a su que j'étois imprimé tout vif, il a pris la chose au tragique, & m'a fait ôter mon emploi, sous prétexte que l'amour des lettres est incompatible avec l'esprit des affaires.

LE COMTE.

Puissamment raisonné ! & tu ne lui fis pas représenter .....

FIGARO.

Je me crus trop heureux d'en être oublié ; perſuadé qu'un grand nous fait aſſez de bien , quand il ne nous fait pas de mal.

LE COMTE.

Tu ne dis pas tout. Je me ſouviens qu'à mon ſervice tu étois un aſſez mauvais ſujet.

FIGARO.

Eh mon Dieu , monſeigneur , c'eſt qu'on veut que le pauvre ſoit ſans défaut.

LE COMTE.

Pareſſeux , dérangé . . . .

FIGARO.

Aux vertus qu'on exige dans un domeſtique , votre excellence connoît-elle beaucoup de maîtres qui fuſſent dignes d'être valets ?

LE COMTE, *riant.*

Pas mal. Et tu t'es retiré en cette ville ?

FIGARO.

Non pas tout de ſuite.

LE COMTE *l'arrêtant.*

Un moment . . . . J'ai cru que c'étoit elle . . . . . Dis toujours , je t'entends de reſte.

FIGARO.

De retour à Madrid , je voulus eſſayer de nouveau mes talents littéraires ; & le théatre me parut un champ d'honneur.

LE COMTE.

Ah miſéricorde !

FIGARO.

Pendant ſa replique , le Comte regarde avec attention
du côté de la jalouſie.

En vérité , je ne ſais comment je n'eus pas le plus grand ſuccès , car j'avois rempli le parterre des plus excellens travailleurs ; des mains . . . . . comme des battoirs ; j'avois interdit les gants , les cannes , tout ce qui ne produit que des applaudiſſements ſourds ; &

d'honneur ,

d'honneur, avant la piece, le café m'avoit paru dans les meilleures difpofitions pour moi. Mais les efforts de la cabale.

LE COMTE.

Ah ! la cabale ! monfieur l'auteur tombé ?

FIGARO.

Tout comme un autre : pourquoi pas ? Ils m'ont fifflé ; mais fi jamais je puis les raffembler . . . .

LE COMTE.

L'ennui te vengera bien d'eux ?

FIGARO.

Ah ! comme je leur en garde ! morbleu !

LE COMTE.

Tu jures ! Sais-tu qu'on n'a que vingt-quatre heures au palais pour maudire fes juges ?

FIGARO.

On a vingt-quatre ans au théâtre ; la vie eft trop courte pour ufer un pareil reffentiment.

LE COMTE.

Ta joyeufe colere me réjouit. Mais tu ne me dis pas ce qui t'a fait quitter Madrid.

FIGARO.

C'eft mon bon ange, excellence, puifque je fuis affez heureux pour retrouver mon ancien maître. Voyant à Madrid que la république des lettres étoit celle des loups, toujours armés les uns contre les autres, & que livrés au mépris où ce rifible acharnement les conduit, tous les infectes, les mouftiques, les coufins, les critiques, les maringouins, les envieux, les feuilliftes, les libraires, les cenfeurs,& tout ce qui s'attache à la peau des malheureux gens de lettres, achevoit de déchiqueter & fucer le peu de fubftance qui leur reftoit ; fatigué d'écrire, ennuyé de moi, dégoûté des autres, abymé de dettes & léger d'argent ; à la fin convaincu que l'utile revenu du raloir eft préférable aux vains honneurs de la plume, j'ai quitté Madrid ; & mon bagage en fautoir ; parcourant philofophiquement les deux Caftilles, la Manche, l'Eftramadoure, la Siera-Morena, l'Andaloufie ; accueilli dans une ville, emprifonné dans l'autre, & par-tout fupérieur aux évenements ; aidant au bon tems, fupportant le mauvais ; me moquant des fots, bravant les méchans ; riant de ma mifere & faifant la barbe à tout le monde ; vous me voyez enfin établi dans Séville, & prêt à fervir de nouveau votre excellence en tout ce qu'il lui plaira m'ordonner.

LE COMTE.

Qui t'a donné une philofophie auffi gaie ?

FIGARO.

L'habitude du malheur. Je me preffe de rire de tout, de peur d'être obligé d'en pleurer. Que regardez-vous donc toujours de ce côté ?

LE COMTE.

Sauvons-nous.

FIGARO.

Pourquoi ?

LE COMTE.

Viens donc, malheureux ! tu me perds.

(*Ils fe cachent.*)

SCENE III.

BARTHOLO, ROSINE. (*La jaloufie du premier étage s'ouvre, & Bartholo & Rofine fe mettent à la fenêtre.*)

ROSINE.

COMME le grand air fait plaifir à refpirer ! cette jaloufie s'ouvre fi rarement...

BARTHOLO.

Quel papier tenez-vous là ?

ROSINE.

Ce font des couplets de la précaution inutile que mon maître à chanter m'a donnés hier.

BARTHOLO.

Qu'eft-ce que la précaution inutile ?

ROSINE.

C'eft une comédie nouvelle.

BARTHOLO.

Quelque drame encore ! quelque fottife d'un nouveau genre ! (*)

ROSINE.

Je n'en fais rien.

BARTHOLO.

Euh , euh , les journaux & l'autorité nous en feront raifon. Siecle barbare !....

ROSINE.

Vous injuriez toujours notre pauvre fiecle.

BARTHOLO.

Pardon de la liberté ; qu'a-t-il produit pour qu'on le loue ? Sottifes de toute efpece : la liberté de penfer , l'attraction , l'électricité , le tolérantifme ; l'inoculation , le quinquina , l'encyclopédie , & les drames.....

ROSINE, *le papier lui échappe & tombe dans la rue.*

Ah ! ma chanfon ! ma chanfon eft tombée en vous écoutant ; courez, courez donc, monfieur , ma chanfon ; elle fera perdue.

BARTHOLO.

Que diable auffi , l'on tient ce qu'on tient.

(*Il quitte le balcon.*)

(*) Bartholo n'aimoit pas les drames. Peut-être avoit-il fait quelque tragédie dans fa jeuneffe.

ROSINE, *regarde en dedans & fait signe dans la rue.*

S't, s't ; (*le comte paroît.*) ramaffez vîte & fau-vez-vous. (*le Comte ne fait qu'un faut, ramaffe le papier & rentre.*)

BARTHOLO *fort de la maifon & cherche.*

Où donc eft-il ! Je ne vois rien.

ROSINE.

Sous le balcon, au pied du mur.

BARTHOLO.

Vous me donnez là une jolie commiffion ! Il eft donc paffé quelqu'un ?

ROSINE.

Je n'ai vu perfonne.

BARTHOLO *à lui-même.*

Et moi qui ai la bonté de chercher . . . . . Bartholo, vous n'êtes qu'un fot, mon ami : ceci doit vous ap-prendre à ne jamais ouvrir de jaloufies fur la rue. (*Il rentre.*)

ROSINE *toujours au balcon.*

Mon excufe eft dans mon malheur : feule, enfer-mée, en butte à la perfécution d'un homme odieux ; eft-ce un crime de tenter à fortir d'efclavage ?

BARTHOLO *paroiffant au balcon.*

Rentrez, Signora ; c'eft ma faute fi vous avez perdu votre chanfon ; mais ce malheur ne vous ar-rivera plus, je vous jure. (*Il ferme la jaloufie à la clé.*)

SCENE IV.

LE COMTE, FIGARO. (*Ils entrent avec précaution.*)

LE COMTE.

A PRÉSENT qu'ils font retirés ; examinons cette
chanfon , dans laquelle un myftere eft fûrement ren-
fermé. C'eft un billet !

FIGARO.

Il demandoit ce que c'eft que la précaution inutile !

LE COMTE *lit vivement.*

» Votre empreffement excite ma curiofité ; fitôt
» que mon tuteur fera forti , chantez indifféremment
» fur l'air connu de ces couplets, quelque chofe qui
» m'apprenne enfin le nom , l'état & les intentions
» de celui qui paroît s'attacher fi obftinément à l'in-
» fortunée Rofine.

FIGARO, *contrefaifant la voix de Rofine.*

Ma chanfon , ma chanfon eft tombée ; courez , courez donc, (*Il rit.*) ah , ah , ah , ah ! O ces femmes !
voulez-vous donner de l'adreffe à la plus ingénue ? en-
fermez-la.

LE COMTE.

Ma chere Rofine !

FIGARO.

Monfeigneur , je ne fuis plus en peine des motifs
de votre mafcarade ; vous faites ici l'amour en perf-
pective.

LE COMTE.

Te voilà inftruit , mais fi tu jafes. . . .

FIGARO.

Moi jafer ! je n'employerai point pour vous raffurer

les grandes phrases d'honneur & de dévouement dont on abuse à la journée ; je n'ai qu'un mot : mon intérêt vous répond de moi ; pesez tout à cette balance & . . . .

LE COMTE.

Fort bien. Apprends donc que le hasard m'a fait rencontrer au Prado, il y a six mois, une jeune personne d'une beauté. . . . Tu viens de la voir ! Je l'ai fait chercher en vain par tout Madrid. Ce n'est que depuis peu de jours que j'ai découvert qu'elle s'appelle Rosine, est d'un sang noble, orpheline & mariée à un vieux médecin de cette ville, nommé Bartholo.

FIGARO.

Joli oiseau, ma foi, difficile à dénicher ! Mais qui vous a dit qu'elle étoit femme du docteur ?

LE COMTE.

Tout le monde.

FIGARO.

C'est une histoire qu'il a forgée en arrivant de Madrid, pour donner le change aux galans & les écarter ; elle n'est encore que sa pupille, mais bientôt . . . .

LE COMTE, *vivement.*

Jamais. Ah quelle nouvelle ! J'étois résolu de tout oser pour lui présenter mes regrets ; & je la trouve libre ! Il n'y a pas un moment à perdre, il faut m'en faire aimer, & l'arracher à l'indigne engagement qu'on lui destine. Tu connois donc ce tuteur ?

FIGARO.

Comme ma mere.

LE COMTE.

Quel homme est-ce ?

FIGARO, *vivement.*

C'est un beau gros, court, jeune vieillard, gris pommelé, rusé, rasé, blasé, qui guette & furette & gronde & geint tout à la fois.

LE COMTE *impatient.*

Eh! je l'ai vu. Son caractere ?

FIGARO.

Brutal, avare, amoureux & jaloux à l'excès de sa
pupille, qui le hait à la mort.

LE COMTE.

Ainsi ses moyens de plaire sont...

FIGARO.

Nuls.

LE COMTE.

Tant mieux. Sa probité ?

FIGARO.

Tout juste autant qu'il en faut pour n'être point
pendu.

LE COMTE.

Tant mieux. Punir un frippon en se rendant
heureux.....

FIGARO.

C'est faire à la fois le bien public & particulier :
Chef-d'œuvre de morale en vérité, Monseigneur !

LE COMTE.

Tu dis que la crainte des galans lui fait fermer
sa porte ?

FIGARO.

A tout le monde : s'il pouvoit la calfeutrer....

LE COMTE.

Ah! diable, tant pis. Aurois-tu de l'accès chez lui ?

FIGARO.

Si j'en ai. *Primo*, la maison que j'occupe appartient au Docteur qui m'y loge *gratis*.

LE COMTE.

Ah, ah ?

FIGARO.

Oui. Et moi, en reconnoiffance, je lui promets
dix piftoles d'or par an, *gratis* auffi.

LE COMTE *impatienté*.

Tu es son locataire ?

FIGARO.

De plus, son barbier, son chirurgien, son apothicaire ; il ne se donne pas dans sa maison un coup
de rasoir, de lancette ou de piston, qui ne soit de
la main de votre serviteur.

LE COMTE *l'embrasse.*

Ah ! Figaro, mon ami, tu seras mon ange, mon
libérateur, mon dieu tutélaire.

FIGARO.

Peste ! comme l'utilité vous a bientôt rapproché
les distances ! parlez-moi des gens passionnés !

LE COMTE.

Heureux Figaro ! tu vas voir ma Rosine ! tu vas
la voir ! Conçois-tu ton bonheur ?

FIGARO.

C'est bien-là un propos d'amant ! Est-ce que je
l'adore,. moi ? Pussiez-vous prendre ma place !

LE COMTE.

Ah ! si l'on pouvoit écarter tous les surveillans !

FIGARO.

C'est à quoi je rêvois.

LE COMTE.

Pour douze heures seulement.

FIGARO.

En occupant des gens de leur propre intérêt,
on les empêche de nuire à l'intérêt d'autrui.

LE COMTE.

Sans doute. Eh bien !

FIGARO, *rêvant.*

Je cherche dans ma tête si la pharmacie ne four-
niroit pas quelques petits moyens innocens . . .

LE COMTE.

Scélérat !

FIGARO.

Est-ce que je veux leur nuire ? Ils ont tous besoin de mon ministere. Il ne s'agit que de les traiter ensemble.

LE

LE COMTE.

Mais ce médecin peut prendre un soupçon.

FIGARO.

Il faut marcher si vîte, que le soupçon n'ait pas le temps de naître. Il me vient une idée. Le régiment de Royal-Infant arrive en cette ville.

LE COMTE.

Le colonel est de mes amis.

FIGARO.

Bon. Présentez-vous chez le docteur en habit de cavalier, avec un billet de logement ; il faudra bien qu'il vous héberge ; & moi, je me charge du reste.

LE COMTE.

Excellent !

FIGARO.

Il ne seroit même pas mal que vous eussiez l'air entre deux vins.....

LE COMTE.

A quoi bon ?

FIGARO.

Et le mener un peu lestement sous cette apparence déraisonnable.

LE COMTE.

A quoi bon ?

FIGARO.

Pour qu'il ne prenne aucun ombrage, & vous croie plus pressé de dormir que d'intriguer chez lui.

LE COMTE.

Supérieurement vu ! Mais que n'y vas-tu, toi ?

FIGARO.

Ah, oui, moi ! Nous serons bien heureux s'il ne vous reconnoît pas, vous, qu'il n'a jamais vu. Et comment vous introduire après ?

LE COMTE.

Tu as raison.

C.

FIGARO.

C'eſt que vous ne pourrez peut-être pas ſoutenir
ce perſonnage difficile. Cavalier...... pris de vin.....

LE COMTE.

Tu te moques de moi. (*Prenant un ton iyre*)
N'eſt-ce point ici la maiſon du docteur Bartholo,
mon ami?

FIGARO.

Pas mal, en vérité ; vos jambes ſeulement un peu
plus avinées. (*D'un ton plus iyre*) N'eſt-ce pas ici
la maiſon.....

LE COMTE.

Fi donc! Tu as l'ivreſſe du peuple.

FIGARO.

C'eſt la bonne ; c'eſt celle du plaiſir.

LE COMTE.

La porte s'ouvre.

FIGARO.

C'eſt notre homme : éloignons-nous juſqu'à ce qu'il
ſoit parti.

SCENE V.

LE COMTE & FIGARO *cachés*, BARTHOLO.

BARTHOLO *ſort en parlant à la maiſon.*

JE reviens à l'inſtant ; qu'on ne laiſſe entrer perſonne. Quelle ſottiſe à moi d'être deſcendu ! Dès
qu'elle m'en prioit, je devois bien me douter......
Et Bazile qui ne vient pas ! Il devoit tout arranger
pour que mon mariage ſe fît ſecrétement demain ;
& point de nouvelles ! Allons voir ce qui peut
l'arrêter.

SCENE VI.
LE COMTE, FIGARO.

LE COMTE.

Qu'ai-je entendu ? Demain il épouse Rofine en
fecret !

FIGARO.

Monfeigneur, la difficulté de réuffir ne fait qu'a-
jouter à la néceffité d'entreprendre.

LE COMTE.

Quel eft donc ce Bazile qui fe mêle de fon mariage ?

FIGARO.

Un pauvre hère qui montre la mufique à fa pupille, infatué de fon art, fripponneau, befoigneux,
à genoux devant un écu, & dont il fera facile de
venir à bout, monfeigneur..... (*Regardant à la ja-*
loufie) La v'là, la v'là.

LE COMTE.

Qui donc ?

FIGARO.

Derriere fa jaloufie, la voilà, la voilà. Ne regardez
pas, ne regardez donc pas.

LE COMTE.

Pourquoi ?

FIGARO.

Ne vous écrit-elle pas : *chantez indifféremment ?*
c'eft-à-dire, chantez, comme fi vous chantiez.... feulement pour chanter. Oh ! la v'là, la v'là.

LE COMTE.

Puifque j'ai commencé à l'intéreffer fans être connu
d'elle, ne quittons point le nom de Lindor que j'ai

pris ; mon triomphe en aura plus de charmes.
(*Il déploie le papier que Rosine a jeté*) Mais comment chanter sur cette musique ? Je ne sais pas faire de vers, moi.

FIGARO.

Tout ce qui vous viendra, monseigneur, est excellent : en amour, le cœur n'est pas difficile sur les productions de l'esprit..... Et prenez ma guitarre.

LE COMTE.

Que veux-tu que j'en fasse ? j'en joue si mal !

FIGARO.

Est-ce qu'un homme comme vous ignore quelque chose ? Avec le dos de la main ; from, from, from..... Chanter sans guitarre à Séville ! vous seriez bientôt reconnu, ma foi, bientôt dépisté.

(*Figaro se colle au mur sous le balcon.*)

LE COMTE *chante en se promenant, & s'accompagnant sur sa guitarre.*

PREMIER COUPLET.

Vous l'ordonnez, je me ferai connoître.
Plus inconnu, j'osois vous adorer :
En me nommant, que pourrois-je espérer ?
N'importe, il faut obéir à son maître.

FIGARO, *bas.*

Fort bien, parbleu ! Courage, monseigneur.

LE COMTE.

DEUXIEME COUPLET.

Je suis Lindor ; ma naissance est commune ;
Mes vœux sont ceux d'un simple bachelier :
Que n'ai-je, hélas ! d'un brillant chevalier
A vous offrir le rang & la fortune !

FIGARO.

Eh ! comment diable ! Je ne ferois pas mieux, moi qui m'en pique.

LE COMTE.

TROISIEME COUPLET.

Tous les matins ici d'une voix tendre
Je chanterai mon amour sans espoir ;
Je bornerai mes plaisirs à vous voir :
Et puissiez-vous en trouver à m'entendre !

FIGARO.

Oh ma foi ! pour celui-ci !..... (*Il s'approche, &*
baise le bas de l'habit de son maître.)

LE COMTE.

Figaro ?

FIGARO.

Excellence ?

LE COMTE.

Crois-tu que l'on m'ait entendu ?

ROSINE *en dedans , chante.*

AIR *du Maître en Droit.*

Tout me dit que Lindor est charmant,
Que je dois l'aimer constamment.....

(*On entend une croisée qui se ferme avec bruit.*)

FIGARO.

Croyez-vous qu'on vous ait entendu cette fois ?

LE COMTE.

Elle a fermé sa fenêtre ; quelqu'un apparemment est
entré chez elle.

FIGARO.

Ah, la pauvre petite ! comme elle tremble en chantant ! Elle est prise, monseigneur.

LE COMTE.

Elle se sert du moyen qu'elle-même a indiqué.
Tout me dit que Lindor est charmant. Que de graces !
que d'esprit !

FIGARO.

Que de ruse ! que d'amour !

LE COMTE.

Crois-tu qu'elle se donne à moi, Figaro ?

FIGARO.

Elle paſſera plutôt à travers cette jalouſie que d'y manquer.

LE COMTE.

C'en eſt fait, je ſuis à ma Roſine..... pour la vie.

FIGARO.

Vous oubliez, monſeigneur, qu'elle ne vous entend plus.

LE COMTE.

Monſieur Figaro? je n'ai qu'un mot à vous dire: elle ſera ma femme; & ſi vous ſervez bien mon projet en lui cachant mon nom... tu m'entends, tu me connois....

FIGARO.

Je me rends. Allons Figaro, vole à la fortune, mon fils.

LE COMTE.

Retirons - nous, crainte de nous rendre ſuſpects.

FIGARO, *vivement.*

Moi, j'entre ici; où, par la force de mon art, je vais, d'un ſeul coup de baguette, endormir la vigilance, éveiller l'amour, égarer la jalouſie, fourvoyer l'intrigue, & renverſer tous les obſtacles. Vous, monſeigneur, chez moi, l'habit de ſoldat, le billet de logement, & de l'or dans vos poches.

LE COMTE.

Pour qui de l'or?

FIGARO, *vivement.*

De l'or, mon Dieu, de l'or: c'eſt le nerf de l'intrigue.

LE COMTE.

Ne te fâche pas, Figaro, j'en prendrai beaucoup.

FIGARO, *s'en allant.*

Je vous rejoins dans peu.

LE COMTE.

Figaro?

FIGARO.

Qu'eſt-ce que c'eſt ?

LE COMTE.

Et ta Guitarre ?

FIGARO, *revient.*

J'oublie ma Guitarre ! Moi ! je ſuis donc fou !

(Il s'en va.)

LE COMTE.

Et ta demeure , étourdi ?

FIGARO , *revient.*

Ah ! réellement je ſuis frappé ! ma boutique à quatre pas d'ici , peinte en bleu, vitrage en plomb , trois
palettes en l'air , l'œil dans la main, *conſilio manu-
que ,* FIGARO. (*il s'enfuit*).

Fin du premier acte.

ACTE II.

Le théatre repréſente l'appartement de ROSINE.
*La croiſée dans le fond du théatre eſt fermée
par une jalouſie grillée.*

SCENE PREMIERE.

ROSINE, *ſeule , un bougeoir à la main. Elle prend
du papier ſur la table & ſe met à écrire.*

MARCELINE eſt malade ; tous les gens ſont oc-
cupés ; & perſonne ne me voit écrire. Je ne ſais ſi
ces murs ont des yeux & des oreilles, ou ſi mon
Argus a un génie mal-faiſant qui l'inſtruit à point
nommé ; mais je ne puis dire un mot , ni faire un

pas, dont il ne devine sur le-champ l'intention... Ah Lindor ! (*elle cachete la lettre*). Fermons toujours ma lettre, quoique j'ignore quand & comment je pourrai la lui faire tenir. Je l'ai vû à travers ma jalousie parler long-temps au Barbier Figaro. C'est un bon homme qui m'a montré quelquefois de la pitié ; si je pouvois l'entretenir un moment !

SCENE II.

ROSINE, FIGARO.

ROSINE *surprise.*

AH ! monsieur Figaro, que je suis aise de vous voir !

FIGARO.

Votre santé, madame ?

ROSINE.

Pas trop bonne, monsieur Figaro. L'ennui me tue.

FIGARO.

Je le crois ; il n'engraisse que les sots.

ROSINE.

Avec qui parliez-vous donc là-bas si vivement ? je n'entendois pas : mais. ...

FIGARO.

Avec un jeune bachelier de mes parens, de la plus grande espérance ; plein d'esprit, de sentiment, de talens, & d'une figure fort revenante.

ROSINE.

Oh, tout-à-fait bien, je vous assure ! il se nomme ?...

FIGARO.

Lindor. Il n'a rien. Mais, s'il n'eût pas quitté brusquement Madrid, il pouvoit y trouver quelque bonne place.

ROSINE.

ROSINE.

Il en trouvera, monsieur Figaro, il en trouvera. Un jeune homme tel que vous le dépeignez, n'est pas fait pour rester inconnu.

FIGARO, *à part.*

Fort bien. (*haut.*). Mais il a un grand défaut, qui nuira toujours à son avancement.

ROSINE.

Un défaut, monsieur Figaro ! un défaut, en êtes-vous bien sûr ?

FIGARO.

Il est amoureux.

ROSINE.

Il est amoureux ! & vous appellez cela un défaut ?

FIGARO.

A la vérité, ce n'en est un que relativement à sa mauvaise fortune.

ROSINE.

Ah ! que le sort est injuste ! & nomme-t-il la personne qu'il aime ? je suis d'une curiosité....

FIGARO.

Vous êtes la derniere, madame, à qui je voudrois faire une confidence de cette nature.

ROSINE, *vivement.*

Pourquoi, monsieur Figaro ? je suis discrette ; ce jeune homme vous appartient, il m'intéresse infiniment.... dites-donc.

FIGARO *la regardant finement.*

Figurez-vous, la plus jolie petite mignone, douce, tendre, accorte & fraîche, agaçant l'appétit, pied furtif, taille adroite, élancée, bras dodus, bouche rozée, & des mains ! des joues ! des dents ! des yeux....!

ROSINE.

Qui reste en cette ville ?

FIGARO.

En ce quartier.

R O S I N E.

Dans cette rue peut-être ?

F I G A R O.

A deux pas de moi.

R O S I N E.

Ah ! que c'est charmant. . . . . pour monsieur votre parent. Et cette personne est ? . . .

F I G A R O.

Je ne l'ai pas nommée ?

R O S I N E, *vivement.*

C'est là seule chose que vous ayez oubliée, monsieur Figaro. Dites-donc, dites-donc vite ; si l'on rentroit je ne pourrois plus savoir. . . . .

F I G A R O.

Vous le voulez absolument, madame ? Eh bien ! cette personne est.... la pupille de votre tuteur.

R O S I N E.

La pupille ?

F I G A R O.

Du docteur Bartholo : oui, madame.

R O S I N E *avec émotion.*

Ah, monsieur Figaro ! . . . je ne vous crois pas, je vous assure.

F I G A R O.

Et c'est ce qu'il brûle de venir vous persuader lui-même.

R O S I N E.

Vous me faites trembler, monsieur Figaro.

F I G A R O.

Fi donc, trembler ! mauvais calcul, madame ; quand on cede à la peur du mal, on ressent déja le mal de la peur. D'ailleurs, je viens de vous débarrasser de tous vos surveillans, jusqu'à demain.

R O S I N E.

S'il m'aime, il doit me le prouver, en restant absolument tranquille.

FIGARO.

Eh, madame ! amour & repos, peuvent-ils habiter en même cœur ? La pauvre jeunesse est si malheureuse aujourd'hui, qu'elle n'a que ce terrible choix : amour sans repos, ou repos sans amour.

ROSINE, *baissant les yeux.*

Repos sans amour. . . . paroît. . . .

FIGARO.

Ah ! bien languissant. Il semble, en effet, qu'amour sans repos, se présente de meilleure grace : & pour moi, si j'étois femme . . . .

ROSINE, *avec embarras.*

Il est certain qu'une jeune personne ne peut empêcher un honnête homme de l'estimer. Mais s'il alloit faire quelque imprudence, monsieur Figaro, il nous perdroit.

FIGARO, *à part.*

Il nous perdroit. (*haut*). Si vous le lui défendiez expressément par une petite lettre... Une lettre a bien du pouvoir.

ROSINE, *lui donne la lettre qu'elle vient d'écrire.*

Je n'ai pas le temps de recommencer celle-ci, mais en la lui donnant, dites-lui . . . dites-lui bien... (*elle écoute.*)

FIGARO.

Personne, madame.

ROSINE.

Que c'est par pure amitié tout ce que je fais.

FIGARO.

Cela parle de soi. Tudieu ! l'amour a bien une une autre allure !

ROSINE.

Que par pure amitié, entendez-vous ? Je crains seulement que rebuté par les difficultés. . . .

FIGARO.

Oui, quelque feu follet. Souvenez-vous, madame,
que le vent qui éteint une lumiere, allume un brasier,
& que nous sommes ce brasier-là. D'en parler seulement, il exhale un tel feu qu'il m'a presque en fiévré
(*) de sa passion, moi qui n'y ai que voir!

ROSINE.

Dieux! j'entends mon tuteur. S'il vous trouvoit
ici .... passez par le cabinet du clavecin & descendez
le plus doucement que vous pourrez.

FIGARO.

Soyez tranquille. (*à part.*) Voici qui vaut mieux
que mes observations. (*il entre dans le cabinet.*)

SCENE III.

ROSINE, *seule.*

JE meurs d'inquiétude jusqu'à ce qu'il soit dehors....
Que je l'aime, ce bon Figaro! C'est un bien honnête
homme, un bon parent! Ah! voilà mon tyran; reprenons mon ouvrage. (*Elle souffle la bougie,
s'assied, & prend une broderie au tambour.*)

SCENE IV.

BARTHOLO, ROSINE.

BARTHOLO *en colere.*

AH! malédiction! l'enragé, le scélérat corsaire
de Figaro! Là, peut-on sortir un moment de chez
soi, sans être sûr en rentrant....

____

(*) Le mot *enfiévré*, qui n'est plus François, a excité
la plus vive indignation parmi les puritains littéraires; je
ne conseille à aucun galant homme de s'en servir : mais M.
Figaro!...

ROSINE.
Qui vous met donc si fort en colere, monsieur?

BARTHOLO.

Ce damné barbier qui vient d'écloper toute ma maison, en un tour de main. Il donne un narcotique à l'Eveillé, un sternutatoire à la Jeunesse ; il saigne au pied Marceline : il n'y a pas jusqu'à ma mule...... sur les yeux d'une pauvre bête aveugle un cataplasme ! Parce qu'il me doit cent écus, il se presse de faire des mémoires. Ah, qu'il les apporte ! Et personne à l'antichambre ; on arrive à cet appartement comme à la place d'armes.

ROSINE.
Et qui peut y pénétrer que vous, monsieur ?

BARTHOLO.

J'aime mieux craindre sans sujet, que de m'exposer sans précaution : tout est plein de gens entreprenants, d'audacieux..... N'a-t-on pas ce matin encore ramassé lestement votre chanson pendant que j'allois la chercher ? Oh ! je.....

ROSINE.
C'est bien mettre à plaisir de l'importance à tout ! Le vent peut avoir éloigné ce papier, le premier venu ; que sais-je ?

BARTHOLO.

Le vent, le premier venu..... Il n'y a point de vent, madame, point de premier venu dans le monde ; & c'est toujours quelqu'un posté là exprès, qui ramasse les papiers qu'une femme a l'air de laisser tomber par mégarde.

ROSINE.
A l'air, monsieur ?

BARTHOLO.
Oui, madame, a l'air.

ROSINE, *à part.*
Oh ! le méchant vieillard !

BARTHOLO.

Mais tout cela n'arrivera plus ; car je vais faire celler cette grille.

ROSINE.

Faites mieux ; murez les fenêtres tout d'un coup : d'une prison à un cachot, la différence est si peu de chose !

BARTHOLO.

Pour celles qui donnent sur la rue, ce ne seroit peut-être pas si mal..... Ce barbier n'est pas entré chez vous, au moins ?

ROSINE.

Vous donne-t-il aussi de l'inquiétude ?

BARTHOLO.

Tout comme un autre.

ROSINE.

Que vos repliques sont honnêtes !

BARTHOLO.

Ah ! fiez-vous à tout le monde, & vous aurez bientôt à la maison une bonne femme pour vous tromper, de bons amis pour vous la souffler, & de bons valets pour les y aider.

ROSINE.

Quoi ! vous n'accordez pas même qu'on ait des principes contre la séduction de monsieur Figaro ?

BARTHOLO.

Qui diable entend quelque chose à la bizarrerie des femmes ?

ROSINE *en colere.*

Mais, monsieur, s'il suffit d'être homme pour nous plaire, pourquoi donc me déplaisez-vous si fort ?

BARTHOLO *stupéfait.*

Pourquoi ?..... pourquoi ?..... Vous ne répondez pas à ma question sur ce barbier ?

ROSINE *outrée.*

Hé bien, oui, cet homme est entré chez moi ;

je l'ai vu, je lui ai parlé. Je ne vous cache pas même
que je l'ai trouvé fort aimable : & puissiez-vous en
mourir de dépit !

(Elle sort.)

SCENE V.

BARTHOLO, *seul.*

OH ! les juifs, les chiens de valets ! La Jeunesse ?
l'Eveillé ? l'Eveillé maudit ?

SCENE VI.

BARTHOLO, L'ÉVEILLÉ,

L'Eveillé arrive en bâillant, tout endormi.

AAH, aah, ah, ah ....
BARTHOLO.
Où étois-tu, peste d'étourdi, quand ce barbier
est entré ici ?
L'EVEILLÉ.
Monsieur, j'étois..... ah, aah, ah.....
BARTHOLO.
A machiner quelque espiéglerie sans doute ? Et tu
ne l'as pas vu ?
L'EVEILLÉ.
Sûrement je l'ai vu, puisqu'il m'a trouvé tout
malade à ce qu'il dit ; & faut bien que ça soit
vrai, car j'ai commencé à me douloir dans tous
les membres, rien qu'en l'en entendant parl.....
Ah, aah, aah.....

BARTHOLO *le contrefait.*

Rien qu'en l'en entendant !..... Où donc est ce vaurien de la Jeuneſſe ? Droguer ce petit garçon ſans mon ordonnance ! Il y a quelque fripponnerie là-deſſous.

SCENE VII.

LES ACTEURS PRÉCÉDENS. (*La Jeuneſſe, arrive en vieillard avec une canne en béquille ; il éternue pluſieurs fois.*)

L'EVEILLE' *toujours bâillant.*

LA Jeuneſſe.

BARTHOLO.

Tu éternueras dimanche.

LA JEUNESSE.

Voilà plus de cinquante . . . . cinquante fois. . . . dans un moment. (*il eternue*) Je ſuis briſé.

BARTHOLO.

Comment ! je vous demande à tous deux s'il eſt en- tré quelqu'un chez Roſine, & vous ne me dites pas que ce barbier . . . .

L'EVEILLE' *continuant de bâiller.*

Eſt-ce que c'eſt quelqu'un donc monſieur Figaro ? Aah, ah . . .

BARTHOLO.

Je parie que le ruſé s'entend avec lui.

L'EVEILLE' *pleurant comme un ſot.*

Moi. . . Je m'entends ! . . .

LA JEUNESSE *éternuant.*

Eh mais, monſieur, y a-t-il . . . . y a-t-il de la juſtice ?

BARTHOLO.

De la juſtice ! c'eſt bon entre vous autres miſérables,

la

la justice ! Je suis votre maître moi , pour avoir tou‑
jours raison.

LA JEUNESSE *éternuant.*

Mais pardi , quand une chose est vraie...

BARTHOLO.

Quand une chose est vraie ! si je ne veux pas
qu'elle soit vraie , je prétends bien qu'elle ne soit pas
vraie. Il n'y auroit qu'à permettre à tous ces faquins‑
là d'avoir raison , vous verriez bientôt ce que devien‑
droit l'autorité.

LA JEUNESSE *éternuant.*

J'aime autant recevoir mon congé. Un service ter‑
rible , & toujours un train d'enfer.

L'ÉVEILLÉ *pleurant.*

Un pauvre homme de bien est traité comme un
misérable.

BARTHOLO.

Sors donc , pauvre homme de bien. (*Il les contre‑
fait.*) Et t'chi & t'cha ; l'un m'éternue au nez , l'autre
m'y bâille.

LA JEUNESSE.

Ah , Monsieur, je vous jure que sans Mademoi‑
selle , il n'y auroit..... il n'y auroit pas moyen
de rester dans la maison.

(*Il sort en éternuant.*)

SCENE VIII.

BARTHOLO, DON BAZILE, FIGARO
*caché dans le cabinet paroît de tems en tems , & les
écoute.*

BARTHOLO.

AH ! Don Bazile , vous veniez donner à Rosine
sa leçon de musique ?

E

BAZILE.

C'eſt ce qui preſſe le moins.

BARTHOLO.

J'ai paſſé chez vous ſans vous trouver.

BAZILE.

J'étois ſorti pour vos affaires. Apprenez une nou-velle aſſez facheuſe.

BARTHOLO.

Pour vous ?

BAZILE.

Non, pour vous. Le Comte Almaviva eſt en cette ville.

BARTHOLO.

Parlez bas. Celui qui faiſoit chercher Roſine dans tout Madrid ?

BAZILE.

Il loge à la grande place, & ſort tous les jours déguiſé.

BARTHOLO.

Il n'en faut point douter, cela me regarde. Et que faire ?

BAZILE.

Si c'étoit un particulier, on viendroit à bout de l'écarter.

BARTHOLO.

Oui, en s'embuſcant le ſoir, armé, cuiraſſé....

BAZILE.

Bone Deus ! Se compromettre ! Suſciter une méchante affaire, à la bonne heure ; & pendant la fermentation calomnier à dire d'Experts ; *con-cedo.*

BARTHOLO.

Singulier moyen de ſe défaire d'un homme !

BAZILE.

La calomnie, Monſieur ? Vous ne ſavez guere ce que vous dédaignez ; j'ai vu les plus honnêtes gens prêts d'en être aceablés. Croyez qu'il n'y a pas de

plate méchanceté, pas d'horreurs, pas de conté abfurde, qu'on ne faffe adopter aux oififs d'une grande
ville en s'y prenant bien : & nous avons ici des gens
d'une adreffe !.... D'abord un bruit léger, razant le
fol comme hirondelle avant l'orage, *Pianiffimo* mur-
mure & file & feme en courant le trait empoifonné.
Telle bouche le recueille, & *piano*, *piano* vous le
gliffe en l'oreille adroitement. Le mal eft fait ; il ger-
me, il rampe, il chemine, & *rinforzando* de bouche en bouche il va le diable ; puis tout à coup ne
fais comment, vous voyez calomnie fe dreffer,
fifler, s'enfler, grandir à vue d'œil. Elle s'élance,
étend fon vol, tourbillonne, enveloppe, arrache,
entraîne, éclate, & tonne ; & devient, grace au
ciel, un cri général, un *crefcendo* public, un *cho-
rus* univerfel de haine & de profcription. Qui diable y
réfifteroit ?

B A R T H O L O.
Mais quel radotage me faites-vous donc-là, Bazile ? Et quel rapport ce *piano-crefcendo* peut-il
avoir à ma fituation ?

B A Z I L E.
Comment, quel rapport ? Ce qu'on fait partout
pour écarter fon ennemi, il faut le faire ici pour
empêcher le vôtre d'approcher.

B A R T H O L O.
D'approcher ? Je prétends bien époufer Rofine
avant qu'elle apprenne feulement que ce comte exifte.

B A Z I L E.
En ce cas, vous n'avez pas un inftant à perdre.

B A R T H O L O.
Et à qui tient-il, Bazile ? Je vous ai chargé de tous
les détails de cette affaire.

B A Z I L E.
Oui. Mais vous avez léfiné fur les frais ; & dans
l'harmonie du bon ordre, un mariage inégal, un ju-

E ij

gement inique , un paſſe-droit évident , ſont des diſ-
ſonnances qu'on doit toujours préparer & ſauver par
l'accord parfait de l'or.

BARTHOLO, lui donnant de l'argent.

Il faut en paſſer par où vous voulez ; mais finiſſons.

BAZILE.

Cela s'appelle parler. Demain tout ſera terminé ;
c'eſt à vous d'empêcher que perſonne , aujourd'hui ,
ne puiſſe inſtruire la pupille.

BARTHOLO.

Fiez-vous-en à moi. Viendrez vous ce ſoir , Bazile ?

BAZILE.

N'y comptez pas. Votre mariage ſeul m'occupera
toute la journée ; n'y comptez pas.

BARTHOLO l'accompagne.

Serviteur.

BAZILE.

Reſtez , docteur , reſtez donc.

BARTHOLO.

Non pas. Je veux fermer ſur vous la porte de la rue.

SCENE IX.

FIGARO , ſeul , ſortant du cabinet.

OH ! la bonne précaution ! Ferme, ferme la porte de
la rue, & moi je vais la r'ouvrir au comte en ſortant.
C'eſt un grand maraud que ce Bazile ! heureuſement il eſt
encore plus ſot. Il faut un état , une famille , un nom,
un rang , de la conſiſtance enfin , pour faire ſenſation
dans le monde en calomniant. Mais un Bazile ! il mé-
diroit qu'on ne le croiroit pas.

SCENE X.

ROSINE *accourant.* FIGARO.

ROSINE.

QUOI ! vous êtes encore-là , monsieur Figaro ?

FIGARO.

Très-heureusement pour vous , mademoiselle. Votre tuteur & votre maître de musique , se croyant seuls ici , viennent de parler à cœur ouvert....

ROSINE.

Et vous les avez écoutés , monsieur Figaro ? Mais savez-vous que c'est fort mal.

FIGARO.

D'écouter ? C'est pourtant ce qu'il y a de mieux pour bien entendre. Apprenez que votre tuteur se dispose à vous épouser demain.

ROSINE.

Ah ! grands Dieux !

FIGARO.

Ne craignez rien ; nous lui donnerons tant d'ouvrage , qu'il n'aura pas le tems de songer à celui-là.

ROSINE.

Le voici qui revient ; sortez donc par le petit escalier. Vous me faites mourir de frayeur.

(*Figaro s'enfuit.*)

SCENE XI.

BARTHOLO, ROSINE.

ROSINE.

Vous étiez ici avec quelqu'un, monsieur?

BARTHOLO.

Don Bazile que j'ai reconduit, & pour cause.
Vous eussiez mieux aimé que c'eût été monsieur
Figaro.

ROSINE.

Cela m'est fort égal, je vous assure.

BARTHOLO.

Je voudrois bien savoir ce que ce barbier avoit de
si pressé à vous dire.

ROSINE.

Faut-il parler sérieusement? Il m'a rendu compte
de l'état de Marceline, qui même n'est pas trop bien,
à ce qu'il dit.

BARTHOLO.

Vous rendre compte! Je vais parier qu'il étoit
chargé de vous remettre quelque lettre.

ROSINE.

Et de qui, s'il vous plait?

BARTHOLO.

Oh, de qui! De quelqu'un que les femmes ne
nomment jamais. Que sais-je, moi? peut-être la
réponse au papier de la fenêtre.

ROSINE, *à part*.

Il n'en a pas manqué une seule. (*Haut.*) Vous méri-
teriez bien que cela fût.

BARTHOLO *regarde les mains de Rosine*.

Cela est. Vous avez écrit.

ROSINE, *avec embarras.*

Il seroit assez plaisant que vous eussiez le projet de m'en faire convenir.

BARTHOLO *lui prenant la main droite.*

Moi ? point du tout ; mais votre doigt encore taché d'encre ! Hein ? rusée Signora !

ROSINE, *à part.*

Maudit homme !

BARTHOLO *lui tenant toujours la main.*

Une femme se croit bien en sûreté, parce qu'elle est seule.

ROSINE.

Ah ! sans doute..... La belle preuve !..... Finissez donc, monsieur, vous me tordez le bras. Je me suis brûlée en chifonnant autour de cette bougie, & l'on m'a toujours dit qu'il falloit aussi-tôt tremper dans l'encre ; c'est ce que j'ai fait.

BARTHOLO.

C'est ce que vous avez fait ? Voyons donc si un second témoin confirmera la déposition du premier. C'est ce cahier de papier où je suis certain qu'il y avoit six feuilles ; car je les compte tous les matins, aujourd'hui encore.

ROSINE, *à part.*

(Oh, imbécille !) La sixieme.....

BARTHOLO, *comptant.*

Trois, quatre, cinq ; je vois bien qu'elle n'y est pas, la sixieme.

ROSINE, *baissant les yeux.*

La sixieme ? Je l'ai employée à faire un cornet pour des bonbons que j'ai envoyés à la petite Figaro.

BARTHOLO.

A la petite Figaro ? Et la plume qui étoit toute neuve, comment est-elle devenue noire ? Est-ce en écrivant l'adresse de la petite Figaro ?

ROSINE.

(*A part.*) Cet homme a un inſtinct de jalouſie!....
(*Haut.*) Elle m'a ſervi à retracer une fleur effacée
ſur la veſte que je vous brode au tambour.

BARTHOLO.

Que cela eſt édifiant ! Pour qu'on vous crût, mon
enfant, il faudroit ne pas rougir en déguiſant coup
ſur coup la vérité ; mais c'eſt ce que vous ne ſavez
pas encore.

ROSINE.

Et qui ne rougiroit pas, monſieur, de voir tirer
des conſéquences auſſi malignes des choſes les plus
innocemment faites.

BARTHOLO.

Certes, j'ai tort : ſe brûler le doigt, le tremper
dans l'encre, faire des cornets aux bonbons de la
petite Figaro, & deſſiner ma veſte au tambour ! quoi
de plus innocent ? Mais que de menſonges entaſſés
pour cacher un ſeul fait !.... *Je ſuis ſeule, on ne me
voit point ; je pourrai mentir tout à mon aiſe :* mais
le bout du doigt reſte noir, la plume eſt tachée, le
papier manque ; on ne ſauroit penſer à tout. Bien
certainement, Signora, quand j'irai par la ville,
un bon double tour me répondra de vous.

SCENE XII.

LE COMTE, BARTHOLO, ROSINE.

LE COMTE *en uniforme de Cavalerie, ayant
l'air d'être entre deux vins, & chantant :* (Réveillons-la, *&c.*)

BARTHOLO.

MAIS que nous veut cet homme ? Un ſoldat !
Rentrez chez vous, Signora.

LE

LE COMTE *chante :* Réveillons-la , *& s'avance
vers Rosine.*

Qui de vous deux , mesdames , se nomme le
docteur Balordo ? (*A Rosine , bas.*) Je suis Lindor.

BARTHOLO.

Bartholo ?

ROSINE , *à part.*

Il parle de Lindor.

LE COMTE.

Balordo , Barque-à-l'eau ; je m'en moque comme
de ça. Il s'agit seulement de savoir laquelle des deux...
(*A Rosine , lui montrant un papier.*) Prenez cette
lettre.

BARTHOLO.

Laquelle ! Vous voyez bien que c'est moi. Laquelle !
Rentrez donc , Rosine ; cet homme paroît avoir du
vin.

ROSINE.

C'est pour cela , monsieur. Vous êtes seul : une
femme en impose quelquefois.

BARTHOLO.

Rentrez , rentrez ; je ne suis pas timide.

SCENE XIII.

LE COMTE, BARTHOLO.

LE COMTE.

OH ! je vous ai reconnu d'abord à votre signalement.

BARTHOLO , *au Comte qui serre la lettre.*

Qu'est-ce que c'est donc que vous cachez-là dans
votre poche ?

E

LE COMTE.

Je le cache dans ma poche , pour que vous ne sachiez pas ce que c'est.

BARTHOLO.

Mon signalement ! ces gens-là croient toujours parler à des soldats.

LE COMTE.

Pensez – vous que ce soit une chose si difficile à faire que votre signalement ?

> Le chef branlant , la tête chauve ,
> Les yeux vérons , le regard fauve ,
> L'air farouche d'un algonquin.....
> . . . .

BARTHOLO.

Qu'est-ce que cela veut dire ! Etes vous ici pour m'insulter ? Délogez à l'instant.

LE COMTE.

Déloger ! Ah , fi ! que c'est mal parler ! Savez-vous lire , Docteur. . . Barbe à l'eau ?

BARTHOLO.

Autre question saugrenue.

LE COMTE.

Oh ! que cela ne vous fasse point de peine , car , moi qui suis pour le moins aussi docteur que vous. . . .

BARTHOLO.

Comment cela ?

LE COMTE.

Est-ce que je ne suis pas médecin des chevaux du régiment ? Voilà pourquoi l'on m'a exprès logé chez un confrere.

BARTHOLO.

Oser comparer un maréchal ! . . .

LE COMTE.

Air : *Vive le Vin.*

Sans chanter. { Non docteur je ne prétends pas , } { Que notre art obtienne le pas } { Sur Hypocrate & sa brigade.

en chan-
tant.
> Votre savoir mon camarade,
> Est d'un succès plus général ;
> Car s'il n'emporte point le mal,
> Il emporte au moins le malade.

C'est-il poli ce que je vous dis-là ?

BARTHOLO.

Il vous sied bien, manipuleur ignorant ! de ravaler ainsi le premier, le plus grand & le plus utile des arts ?

LE COMTE.

Utile tout-à-fait, pour ceux qui l'exercent.

BARTHOLO.

Un art dont le soleil s'honore d'éclairer les succès.

LE COMTE.

Et dont la terre s'empresse de couvrir les bévues.

BARTHOLO.

On voit bien, mal-appris ! que vous n'êtes habitué de parler qu'à des chevaux.

LE COMTE.

Parler à des chevaux ? Ah, docteur ! Pour un docteur d'esprit.... N'est-il pas de notoriété que le maréchal guérit toujours ses malades sans leur parler ; au lieu que le médecin parle beaucoup aux siens....

BARTHOLO.

Sans les guérir, n'est-ce pas ?

LE COMTE.

C'est vous qui l'avez dit.

BARTHOLO.

Qui diable envoje ici ce maudit ivrogne ?

LE COMTE.

Je crois que vous me lâchez des épigrammes, l'amour !

BARTHOLO.

Enfin, que voulez-vous ? que demandez-vous ?

LE COMTE, *feignant une grande colere.*

Eh bien donc, il s'enflamme ! Ce que je veux ? Est-ce que vous ne le voyez pas ?

SCENE XIV.

ROSINE, LE COMTE, BARTHOLO.

ROSINE, *accourant.*

MONSIEUR le foldat, ne vous emportez point de grace (*à Bartholo*). Parlez-lui doucement, monfieur: un homme qui déraifonne.

LE COMTE.

Vous avez raifon ; il déraifonne, lui ; mais nous fommes raifonnables, nous ! moi poli, & vous jolie.... enfin fuffit. La vérité, c'eft que je ne veux avoir affaire qu'à vous dans la maifon.

ROSINE.

Que puis - je pour votre fervice, monfieur le foldat ?

LE COMTE.

Une petite bagatelle, mon enfant. Mais s'il y a de l'obfcurité dans mes phrafes.....

ROSINE.

J'en faifirai l'efprit.

LE COMTE, *lui montrant la lettre.*

Non, attachez-vous à la lettre, à la lettre. Il s'agit feulement.... Mais je dis, en tout bien, tout honneur, que vous me donniez à coucher ce foir.

BARTHOLO.

Rien que cela ?

LE COMTE.

Pas davantage. Lifez le billet doux que notre ma-réchal-des-Logis vous écrit.

BARTHOLO.

Voyons; (*Le Comte cache la lettre & lui donne un*

autre papier). (*Bartholo lit*). » Le docteur Bartho-
» lo, recevra, nourrira, hébergera, couchera....

LE COMTE, *appuyant.*

Couchera.

BARTHOLO.

» Pour une nuit seulement, le nommé Lindor, dit
» l'écolier, cavalier, au régiment....

ROSINE.

C'est lui, c'est lui-même.

BARTHOLO *vivement à Rosine.*

Qu'est-ce qu'il y a ?

LE COMTE.

Eh bien, ai-je tort à présent, Docteur Barbaro ?

BARTHOLO.

On diroit que cet homme se fait un malin plaisir de
m'estropier de toutes les manieres possibles ; allez au
diable, Barbaro ! Barbe à l'eau ! & dites à votre im-
pertinent maréchal-des-logis, que, depuis mon voyage
à Madrid, je suis exempt de loger des gens de guerre.

LE COMTE *à part.*

O ciel ! fâcheux contre-tems !

BARTHOLO.

Ah, ah ! notre ami, cela vous contrarie & vous
dégrise un peu ? Mais n'en décampez pas moins à
l'instant.

LE COMTE *à part.*

J'ai pensé me trahir ; (*haut.*) Décamper ! si vous
êtes exempt des gens de guerre, vous n'êtes pas exempt
de politesse peut-être ? Décamper ! montrez-moi votre
brevet d'exemption ; quoique je ne sache pas lire, je
verrai bientôt.......

BARTHOLO.

Qu'à cela ne tienne. Il est dans ce bureau.

LE COMTE, *pendant qu'il y va, dit, sans quit-*
ter sa place.

Ah ! ma belle Rosine !

ROSINE.

Quoi Lindor, c'eſt vous ?

LE COMTE.

Recevez au moins cette lettre.

ROSINE.

Prenez garde , il a les yeux ſur nous.

LE COMTE.

Tirez votre mouchoir , je la laiſſerai tomber.

(Il s'approche.)

BARTHOLO.

Doucement , doucement , ſeigneur ſoldat , je n'aime point qu'on regarde ma femme de ſi près.

LE COMTE.

Elle eſt votre femme ?

BARTHOLO.

Eh quoi donc ?

LE COMTE.

Je vous ai pris pour ſon biſayeul paternel , ma-
ternel , ſempiternel ; il y a au moins trois générations
entre elle & vous.

BARTHOLO *lit un parchemin.*

» Sur les bons & fideles témoignages qui nous
» ont été rendus......

LE COMTE *donne un coup de main ſous les
parchemins , qui les envoïe au plancher.*

Eſt-ce que j'ai beſoin de tout ce verbiage ?

BARTHOLO.

Savez-vous bien , ſoldat , que ſi j'appelle mes gens ,
je vous fais traiter ſur le champ comme vous le
méritez ?

LE COMTE.

Bataille ? Ah , volontiers , bataille ! c'eſt mon métier à moi ; *(montrant ſon piſtolet de ceinture)*
& voici de quoi leur jeter de la poudre aux yeux.
Vous n'avez peut-être jamais vu de bataille , madame ?

ROSINE.

Ni ne veux en voir.

LE COMTE.

Rien n'est pourtant aussi gai que bataille. Figurez-vous (*pouffant le Docteur*) d'abord que l'ennemi est d'un côté du ravin , & les amis de l'autre. (*A Rofine, en lui montrant la lettre.*) Sortez le mouchoir. (*Il crache à terre.*) Voilà le ravin , cela s'entend.

ROSINE *tire fon mouchoir ; le Comte laiffe tomber fa lettre entre elle & lui.*

BARTHOLO *fe baiffant.*

Ah , ah.....

LE COMTE *la reprend & dit.*

Tenez..... moi qui allois vous apprendre ici les fecrets de mon métier..... Une femme bien difcrette en vérité ! Ne voilà-t-il pas un billet doux qu'elle laiffe tomber de fa poche ?

BARTHOLO.

Donnez , donnez.

LE COMTE.

Dulciter, papa : chacun fon affaire. Si une ordonnance de rhubarbe étoit tombée de la vôtre.....

ROSINE *avance la main.*

Ah ! je fais ce que c'eft , monfieur le foldat. (*Elle prend la lettre qu'elle cache dans la petite poche de fon tablier.*)

BARTHOLO.

Sortez-vous enfin ?

LE COMTE.

Eh bien , je fors : adieu , docteur ; fans rancune. Un petit compliment , mon cœur : priez la mort de m'oublier encore quelques campagnes ; la vie ne m'a jamais été fi chere.

BARTHOLO.

Allez toujours : fi j'avois ce crédit - là fur la mort.....

LE COMTE.

Sur la mort ? Ah ! docteur, vous faites tant de choses pour elle, qu'elle n'a rien à vous refuser.

(Il sort.)

SCENE XV.

BARTHOLO, ROSINE.

BARTHOLO *le regarde aller.*

IL est enfin parti. (*A part.*) Dissimulons.

ROSINE.

Convenez pourtant, monsieur, qu'il est bien gai, ce jeune soldat. A travers son ivresse, on voit qu'il ne manque ni d'esprit, ni d'une certaine éducation.

BARTHOLO.

Heureux, m'amour, d'avoir pu nous en délivrer ! Mais n'es-tu pas un peu curieuse de lire avec moi le papier qu'il t'a remis.

ROSINE.

Quel papier ?

BARTHOLO.

Celui qu'il a feint de ramasser pour te le faire accepter.

ROSINE.

Bon ! c'est la lettre de mon cousin l'officier, qui étoit tombée de ma poche.

BARTHOLO.

J'ai l'idée, moi, qu'il l'a tirée de la sienne.

ROSINE.

Je l'ai très-bien reconnue.

BARTHOLO.

Qu'est-ce qu'il coûte d'y regarder ?

ROSINE.

Je ne sais pas seulement ce que j'en ai fait.

BARTHOLO.

BARTHOLO *montrant sa pochette.*
Tu l'as mise là.

ROSINE.
Ah, ah! par distraction.

BARTHOLO.
Ah sûrement. Tu vas voir que ce sera quelque
folie.

ROSINE à part.
Si je ne le mets pas en colere, il n'y aura pas
moyen de refuser.

BARTHOLO.
Donne donc, mon cœur.

ROSINE.
Mais quelle idée avez-vous en insistant, monsieur?
est-ce encore quelque méfiance?

BARTHOLO.
Mais vous! quelle raison avez-vous de ne pas le
montrer?

ROSINE.
Je vous répete, monsieur, que ce papier n'est
autre que la lettre de mon cousin, que vous m'avez
rendue hier toute décachetée; & puisqu'il en est question, je vous dirai tout net, que cette liberté me
déplait excessivement.

BARTHOLO.
Je ne vous entends pas!

ROSINE.
Vais-je examiner les papiers qui vous arrivent?
Pourquoi vous donnez-vous les airs de toucher à
ceux qui me sont adressés? Si c'est jalousie, elle
m'insulte; s'il s'agit de l'abus d'une autorité usur-
pée, j'en suis plus revoltée encore.

BARTHOLO.
Comment revoltée! Vous ne m'avez jamais parlé
ainsi.

ROSINE.

Si je me fuis modérée jufqu'à ce jour , ce n'étoit pas pour vous donner le droit de m'offenfer impunément.

BARTHOLO.

De quelle offenfe parlez-vous ?

ROSINE.

C'eft qu'il eft inouï qu'on fe permette d'ouvrir les lettres de quelqu'un.

BARTHOLO.

De fa femme ?

ROSINE.

Je ne la fuis pas encore. Mais pourquoi lui donneroit-on la préférence d'une indignité qu'on ne fait à perfonne ?

BARTHOLO.

Vous voulez me faire prendre le change & détourner mon attention du billet, qui , fans doute, eft une miffive de quelque amant ! mais je le verrai, je vous affure.

ROSINE.

Vous ne le verrez pas. Si vous m'approchez, je m'enfuis de cette maifon , & je demande retraite au premier venu.

BARTHOLO.

Qui ne vous recevra point.

ROSINE.

C'eft ce qu'il faudra voir.

BARTHOLO.

Nous ne fommes pas ici en France , où l'on donne toujours raifon aux femmes : mais pour vous en ôter la fantaifie , je vais fermer la porte.

ROSINE, *pendant qu'il y va.*

Ah Ciel ! que faire ?... Mettons vîte à la place la lettre de mon coufin , & donnons-lui be au jeu à la prendre.

(Elle fait l'échange , & met la lettre du cousin dans la pochette , de façon qu'elle sort un peu.)

BARTHOLO. *revenant.*

Ah ! j'espere maintenant la voir.

ROSINE.

De quel droit , s'il vous plaît ?

BARTHOLO.

Du droit le plus universellement reconnu , celui du plus fort.

ROSINE.

On me tuera plutôt que de l'obtenir de moi.

BARTHOLO *frappant du pied.*

Madame ! Madame !...

ROSINE *tombe sur un fauteuil & feint de se trouver mal.*

Ah ! quelle indignité !...

BARTHOLO.

Donnez cette lettre ou craignez ma colere.

ROSINE *renversée.*

Malheureuse Rosine !

BARTHOLO.

Qu'avez-vous donc ?

ROSINE.

Quel avenir affreux !

BARTHOLO.

Rosine !

ROSINE.

J'étouffe de fureur.

BARTHOLO.

Elle se trouve mal.

ROSINE.

Je m'affoiblis , je meurs.

BARTHOLO, *à part.*

Dieux ! la lettre ! Lisons-la sans qu'elle en soit instruite. *(Il lui tâte le pouls , & prend la lettre qu'il tâche de lire en se tournant un peu.)*

ROSINE toujours renversée.

Infortunée ! ah !.....

BARTHOLO lui quitte le bras, & dit à part.

Quelle rage a-t-on d'apprendre ce qu'on craint toujours de savoir !

ROSINE.

Ah, pauvre Rosine !

BARTHOLO.

L'usage des odeurs.... produit ces affections spasmodiques.

(*Il lit par derriere le fauteuil en lui tâtant le pouls. Rosine se releve un peu, le regarde finement, fait un geste de tête, & se remet sans parler.*)

BARTHOLO, à part.

O ciel ! c'est la lettre de son cousin. Maudite inquiétude ! Comment l'appaiser maintenant ? Qu'elle ignore au moins que je l'ai lue !

(*Il fait semblant de la soutenir, & remet la lettre dans la pochette.*)

ROSINE soupire.

Ah !......

BARTHOLO.

Hé bien, ce n'est rien, mon enfant ; un petit mouvement de vapeurs, voilà tout ; car ton pouls n'a seulement pas varié.

(*Il va prendre un flacon sur la console.*)

ROSINE, à part.

Il a remis la lettre ; fort bien.

BARTHOLO.

Ma chere Rosine, un peu de cette eau spiritueuse.

ROSINE.

Je ne veux rien de vous : laissez-moi.

BARTHOLO.

Je conviens que j'ai montré trop de vivacité sur ce billet.

ROSINE.

Il s'agit bien du billet : c'est votre façon de demander les choses qui est révoltante.

BARTHOLO *à genoux.*

Pardon : j'ai bientôt senti tous mes torts ; & tu me vois à tes pieds, prêt à les réparer.

ROSINE.

Oui, pardon ! lorsque vous croyez que cette lettre ne vient pas de mon cousin.

BARTHOLO.

Qu'elle soit d'un autre ou de lui, je ne veux aucun éclaircissement.

ROSINE *lui présentant la lettre.*

Vous voyez qu'avec de bonnes façons on obtient tout de moi. Lisez-la.

BARTHOLO.

Cet honnête procédé dissiperoit mes soupçons, si j'étois assez malheureux pour en conserver.

ROSINE.

Lisez-la donc, monsieur.

BARTHOLO *se retire.*

A Dieu ne plaise que je te fasse une pareille injure !

ROSINE.

Vous me contrariez de la refuser.

BARTHOLO.

Reçois en réparation cette marque de ma parfaite confiance. Je vais voir la pauvre Marceline, que ce Figaro a, je ne sais pourquoi, saignée au pied ; n'y viens-tu pas aussi ?

ROSINE.

J'y monterai dans un moment.

BARTHOLO.

Puisque la paix est faite, mignonne, donne-moi ta main. Si tu pouvois m'aimer, ah ! comme tu serois heureuse !

ROSINE, *baissant les yeux.*

Si vous pouviez me plaire, ah ! comme je vous aimerois !

BARTHOLO.

Je te plairai, je te plairai ; quand je te dis que je te plairai. (*Il sort.*)

SCENE XVI.

ROSINE *le regarde aller.*

AH Lindor ! Il dit qu'il me plaira !..... Lisons cette lettre, qui a manqué de me causer tant de chagrin. (*Elle lit & s'écrie.*) Ah !.... j'ai lu trop tard : il me recommande de tenir une querelle ouverte avec mon tuteur ; j'en avois une si bonne, & je l'ai laissée échapper. En recevant la lettre, j'ai senti que je rougissois jusqu'aux yeux, Ah ! mon tuteur a raison : je suis bien loin d'avoir cet usage du monde qui, me dit-il souvent, assure le maintien des femmes en toute occasion. Mais un homme injuste parviendroit à faire une rusée de l'innocence même.

Fin du second Acte.

ACTE III.

SCENE PREMIERE.

BARTHOLO, *seul & désolé.*

QUELLE humeur ! quelle humeur ! elle paroissoit appaisée..... là, qu'on me dise qui diable lui a fourré dans la tête de ne plus vouloir prendre leçon de Don Bazile ! elle sait qu'il se mêle de mon mariage.... (*on heurte à la porte.*) Faites tout au monde pour plaire aux femmes ; si vous omettez un seul petit point ..... je dis un seul.... (*on heurte une seconde fois*) Voyons qui c'est.

SCENE II.

BARTHOLO , LE COMTE , *en Bachelier.*

LE COMTE.

QUE la paix & la joie habitent toujours céans !

BARTHOLO *brusquement.*

Jamais souhait ne vint plus à propos. Que voulez-vous ?

LE COMTE.

Monsieur, je suis Alonzo, bachelier, licencié....

BARTHOLO.

Je n'ai pas besoin de précepteur.

LE COMTE.

.... Eleve de Don Bazile, organiste du grand couvent, qui a l'honneur de montrer la musique à madame votre...

BARTHOLO.

Bazile ! organiste ! qui a l'honneur ! Je le sais, au fait.

LE COMTE.

(*à part.*) Quel homme ! (*haut.*) un mal subit qui le force à garder le lit....

BARTHOLO.

Garder le lit ! Bazile ! il a bien fait d'envoyer, je vais le voir à l'instant.

LE COMTE.

(*à part.*) Oh diable ! (*haut.*) Quand je dis le lit, monsieur, c'est.... la chambre que j'entends.

BARTHOLO.

Ne fût-il qu'incommodé : marchez devant, je vous suis.

LE COMTE, *embarrassé.*

Monsieur, j'étois chargé.... Personne ne peut-il nous entendre ?

BARTHOLO.

(*à part.*) C'est quelque fripon. (*haut.*) Eh non, monsieur le mystérieux ! parlez sans vous troubler, si vous pouvez.

LE COMTE.

(*à part.*) Maudit vieillard ! (*haut.*) Don Bazile m'avoit chargé de vous apprendre....

BARTHOLO.

Parlez haut, je suis sourd d'une oreille.

LE COMTE, *élevant la voix.*

Ah ! volontiers. Que le comte Almaviva, qui restoit à la grande place....

BARTHOLO, *effrayé.*

Parlez bas ; parlez bas.

LE

L E C O M T E, *plus haut.*

.... En eft délogé ce matin. Comme c'eft par moi qu'il a fu que le comte Almaviva....

B A R T H O L O.

Bas ; parlez bas, je vous prie.

L E C O M T E, *du même ton.*

.... Etoit en cette ville , & que j'ai découvert que la Signora Rofine lui a écrit.

B A R T H O L O.

Lui a écrit ? Mon cher ami, parlez plus bas, je vous en conjure ! tenez, afféyons – nous, & jafons d'amitié. Vous avez découvert, dites – vous, que Rofine....

L E C O M T E *fiérement.*

Affurément. Bazile, inquiet pour vous de cette correfpondance, m'avoit prié de vous montrer fa lettre ; mais la maniere dont vous prenez les chofes...

B A R T H O L O.

Eh mon Dieu ! je les prends bien. Mais ne vous eft-il donc pas poffible de parler plus bas ?

L E C O M T E.

Vous êtes fourd d'une oreille, avez-vous dit !

B A R T H O L O.

Pardon, pardon, feigneur Alonzo, fi vous m'avez trouvé méfiant & dur ; mais je fuis tellement entouré d'intrigans, de piéges... & puis votre tournure, votre âge, votre air... Pardon, pardon. Eh bien! vous avez la lettre ?

L E C O M T E.

A la bonne-heure fur ce ton, monfieur. Mais je crains. qu'on ne foit aux écoutes.

B A R T H O L O.

Eh ! qui voulez-vous ? tous mes valets fur les dents ! Rofine enfermée de fureur ! le diable eft entré chez moi. Je vais encore m'affurer....

(Il va ouvrir doucement la porte de Rofine.)

H.

LE COMTE *à part.*

Je me suis enferré de dépit... Garder la lettre à préfent ! il faudra m'enfuir : autant vaudroit n'être pas venu... La lui montrer.... Si je puis en prévenir Rofine, la montrer eft un coup de maître.

BARTHOLO, *revient fur la pointe du pied.*

Elle eft affife auprès de la fenêtre, le dos tourné à la porte, occupée à relire une lettre de fon coufin l'officier, que j'avois décachetée.... Voyons donc la fienne.

LE COMTE, *lui remet la lettre de Rofine.*

La voici. (*à part.*) C'eft ma lettre qu'elle relit.

BARTHOLO *lit.*

„ *Depuis que vous m'avez appris votre nom & vo-* „ *tre état «.* Ah, la perfide ! c'eft bien-là fa main.

LE COMTE, *effrayé.*

Parlez donc bas à votre tour.

BARTHOLO.

Quelle obligation, mon cher ! ..

LE COMTE.

Quand tout fera fini, fi vous croyez m'en devoir, vous ferez le maître... D'après un travail que fait actuellement Don Bazile avec un homme de loi...

BARTHOLO.

Avec un homme de loi, pour mon mariage ?

LE COMTE.

Sans doute. Il m'a chargé de vous dire que tout peut être prêt pour demain. Alors fi elle réfifte...

BARTHOLO.

Elle réfiftera.

LE COMTE *veut reprendre la lettre, Bartholo la ferre.*

Voilà l'inftant où je puis vous fervir : nous lui montrerons fa lettre, & s'il le faut, (*plus myfté-*

rieufement.) j'irai jufqu'à lui dire que je la tiens d'une femme à qui le comte l'a facrifiée; vous fentez que le trouble, la honte, le dépit peuvent la por-ter fur le-champ...

BARTHOLO *riant.*

De la calomnie ! mon cher ami , je vois bien main-tenant que vous venez de la part de Bazile !... Mais pour que ceci n'eût pas l'air concerté , ne fe-roit-il pas bon qu'elle vous connût d'avance ?

LE COMTE, *réprime un grand mouvement de joie.*

C'étoit affez l'avis de Don Bazile. Mais comment faire ? il eft tard . . . , au peu de temps qui refte...

BARTHOLO.

Je dirai que vous venez en fa place. Ne lui donnerez-vous pas bien une leçon ?

LE COMTE.

Il n'y a rien que je ne faffe pour vous plaire. Mais prenez garde que toutes ces hiftoires de maîtres fuppofés, font de vieilles fineffes : des mo-yens de comédie : fi elle va fe douter ?...

BARTHOLO.

Préfenté par moi ? Quelle apparence ! vous avez plus l'air d'un amant déguifé ; que d'un ami officieux.

LE COMTE.

Oui ? Vous croyez donc que mon air peut aider à la tromperie ?

BARTHOLO.

Je le donne au plus fin à deviner. Elle eft ce foir d'une humeur horrible. Mais quand elle ne feroit que vous voir . . . . fon clavecin eft dans ce cabinet. Amu-fez-vous ; en l'attendant : je vais faire l'impoffible pour l'amener.

LE COMTE.

Gardez-vous bien de lui parler de la lettre.

BARTHOLO.

Avant l'inftant décifif? Elle perdroit tout fon effet. Il ne faut pas me dire deux fois les chofes ; il ne faut pas me les dire deux fois. (*il s'en va.*)

SCENE III.

LE COMTE, *feul.*

ME voilà fauvé. Ouf ! Que ce diable d'homme eft rude à manier ! Figaro le connoît bien. Je me voyois mentir ; cela me donnoit un air plat & gauche ; & il a des yeux ! . . . . Ma foi fans l'infpiration fubite de la lettre, il faut l'avouer, j'étois éconduit comme un fot. O ciel ! on difpute là dedans. Si elle alloit s'obftiner à ne pas venir ! écoutons.... Elle refufe de fortir de chez elle, & j'ai perdu le fruit de ma rufe. (*il retourne écouter.*) La voici ; ne nous montrons pas d'abord. (*il entre dans le cabinet.*)

SCENE IV.

LE COMTE, ROSINE, BARTHOLO.

ROSINE, *avec une colere fimulée.*

TOUT ce que vous direz eft inutile, monfieur ; j'ai pris mon parti, je ne veux plus entendre parler de mufique.

BARTHOLO.

Ecoute donc, mon enfant ; c'eft le feigneur Alonzo, éleve & l'ami de Don Bazile, choifi par lui pour être

un de nos témoins. --- La musique te calmera, je
t'assure.

ROSINE.

Oh! pour cela, vous pouvez vous en détacher :
si je chante ce soir !..... Où donc est-il ce maître
que vous craignez de renvoyer ? Je vais, en deux
mots lui donner son compte , & celui de Bazile.
(*Elle apperçoit son amant, elle fait un cri.*) Ah !.....

BARTHOLO.

Qu'avez-vous ?

R O S I N E *, les deux mains sur son cœur , avec un*
grand trouble.

Ah ! mon Dieu , monsieur..... Ah ! mon Dieu ,
monsieur.....

BARTHOLO.

Elle se trouve encore mal, seigneur Alonzo !

ROSINE.

Non, je ne me trouve pas mal.... mais c'est qu'en
me tournant.... Ah !....

LE COMTE.

Le pied vous a tourné , madame ?

ROSINE.

Ah ! oui , le pied m'a tourné. Je me suis fait un
mal horrible.

LE COMTE.

Je m'en suis bien apperçu.

R O S I N E *regardant le Comte.*

Le coup m'a porté au cœur.

BARTHOLO.

Un siege, un siege. Et pas un fauteuil ici !

(*Il va le chercher.*)

LE COMTE.

Ah Rosine !

ROSINE.

Quelle imprudence !

LE COMTE.

J'ai mille choses essentielles à vous dire.

R O S I N E.

Il ne nous quittera pas.

LE COMTE.

Figaro va venir nous aider.

BARTHOLO *apporte un fauteuil.*

Tiens, mignonne, assieds-toi. --- Il n'y a pas d'apparence, bachelier, qu'elle prenne de leçon ce soir ; ce sera pour un autre jour. Adieu.

R O S I N E, *au Comte.*

Non, attendez ; ma douleur est un peu appaisée. (*A Bartholo.*) Je sens que j'ai eu tort avec vous, monsieur : je veux vous imiter, en réparant sur le champ.....

BARTHOLO.

Oh ! le bon petit naturel de femme ! Mais après une pareille émotion, mon enfant, je ne souffrirai pas que tu fasses le moindre effort. Adieu, adieu, bachelier.

R O S I N E *au Comte.*

Un moment, de grace. (*A Bartholo.*) Je croirai, monsieur, que vous n'aimez pas à m'obliger, si vous m'empêchez de vous prouver mes regrets, en prenant ma leçon.

LE COMTE *à part à Bartholo.*

Ne la contrarions pas, si vous m'en croyez.

BARTHOLO.

Voilà qui est fini, mon amoureuse. Je suis si loin de chercher à te déplaire, que je veux rester là tout le temps que tu vas étudier.

R O S I N E.

Non, monsieur : je sais que la musique n'a nul attrait pour vous.

BARTHOLO.

Je t'assure que ce soir elle m'enchantera.

R O S I N E, *au Comte, à part.*

Je suis au supplice.

LE COMTE *prenant un papier de musique sur le pupitre.*

Est-ce là ce que vous voulez chanter, madame ?

ROSINE.

Oui, c'est un morceau très-agréable de la Précaution inutile.

BARTHOLO.

Toujours la Précaution inutile !

LE COMTE.

C'est ce qu'il y a de plus nouveau aujourd'hui. C'est une image du printemps d'un genre assez vif. Si madame veut l'essayer.....

ROSINE, *regardant le Comte.*

Avec grand plaisir. Un tableau du printemps me ravit ; c'est la jeunesse de la nature. Au sortir de l'hiver, il semble que le cœur acquiere un plus haut degré de sensibilité : comme un esclave enfermé depuis long-temps, goûte, avec plus de plaisir, le charme de la liberté qui vient de lui être offerte.

BARTHOLO, *bas au Comte.*

Toujours des idées romanesques en tête.

LE COMTE, *bas.*

Et sentez-vous l'application ?

BARTHOLO.

Parbleu !..... Mais, Bachelier, je l'ai déja dit à ce vieux Bazile : est-ce qu'il n'y auroit pas moyen de lui faire étudier des choses plus gaies, que toutes ces grandes aria, qui vont en haut, en bas, en roulant, hi, ho a, a, a, a, & qui me semblent autant d'enterremens. Là, de ces petits airs qu'on chantoit dans ma jeunesse, & que chacun retenoit facilement. J'en savois autrefois... Par exemple.

(*Pendant la ritournelle, il cherche en se grattant la tête, & chante en faisant claquer ses pouces & dansant des genoux comme les vieillards.*)

Veux-tu, ma Rosinette,
Faire emplette
Du roi des maris ?.....

(*Au Comte en riant.*)

Il y a Fanchonnette dans la chanson ; mais j'y ai substitué Rosinette pour la lui rendre plus agréable & la faire cadrer aux circonstances. Ah , ah , ah , ah ! fort bien ? pas vrai ?

LE COMTE riant.

Ah , ah , ah ! oui , tout au mieux.

SCENE V.

FIGARO dans le fond, ROSINE, BARTHOLO, LE COMTE.

BARTHOLO chante.

Veux-tu , ma Rosinette ,
Faire emplette
Du roi des maris ?
Je ne suis point Tircis ;
Mais la nuit , dans l'ombre ,
Je vaux encor mon prix ;
Et quand il fait sombre ,
Les plus beaux chats sont gris.

(*Il répete la reprise en dansant.* FIGARO *dérriere lui, imite ses mouvemens.*)

Je ne suis point Tircis , &c.

(*Appercevant Figaro.*) Ah ! entrez , monsieur le barbier , avancez ; vous êtes charmant.

FIGARO salue.

Monsieur , il est vrai que ma mere me l'a dit autrefois ; mais je suis un peu déformé depuis ce temps-là. (*A part au Comte.*) Bravo , monseigneur.

(*Pendant toute cette scene , le Comte fait ce qu'il peut pour parler à Rosine , mais l'œil inquiet & vigilant du tuteur l'en empêche toujours , ce qui forme un jeu muet de tous les acteurs , étranger au débat du docteur & de Figaro.*)

BARTHOLO.

B A R T H O L O.

Venez-vous purger encore, faigner, droguer, mettre fur le grabat toute ma maifon ?

F I G A R O.

Monfieur, il n'eft pas tous les jours fête ; mais, fans compter les foins quotidiens, monfieur a pu voir que, lorfqu'ils en ont befoin, mon zele n'attend pas qu'on lui commande.....

B A R T H O L O.

Votre zele n'attend pas ! Que direz-vous, monfieur le zélé, à ce malheureux qui bâille, & dort tout éveillé ? & l'autre qui, depuis trois heures, éternue à fe faire fauter le crâne & jaillir la cervelle ? que leur direz-vous ?

F I G A R O.

Ce que je leur dirai ?

B A R T H O L O.

Oui.

F I G A R O.

Je leur dirai..... Eh, parbleu, je dirai à celui qui éternue, Dieu vous béniffe ; & va te coucher à celui bâille. Ce n'eft pas cela, monfieur, qui groffira le mémoire.

B A R T H O L O.

Vraiment non ; mais c'eft la faignée & les médicamens qui le groffiroient, fi je voulois y entendre.. Eft-ce par zele auffi, que vous avez empaqueté les yeux de ma mule ? & votre cataplafme lui rendra-t-il la vue ?

F I G A R O.

S'il ne lui rend pas la vue, ce n'eft pas cela non plus qui l'empêchera d'y voir.

B A R T H O L O.

Que je le trouve fur le mémoire !..... On n'eft pas de cette extravagance-là !

FIGARO.

Ma foi , monsieur , les hommes n'ayant guere à choisir qu'entre la sottise & la folie ; où je ne vois pas de profit , je veux au moins du plaisir : & vive la joie. Qui sait si le monde durera encore trois semaines !

BARTHOLO.

Vous feriez bien mieux , monsieur le raisonneur , de me payer mes cent écus & les intérêts , sans lanterner ; je vous en avertis.

FIGARO.

Doutez-vous de ma probité , monsieur ? Vos cent écus ! j'aimerois mieux vous les devoir toute ma vie , que de les nier un seul instant.

BARTHOLO.

Et dites-moi un peu comment la petite Figaro a trouvé les bonbons que vous lui avez portés ?

FIGARO.

Quels bonbons ? que voulez-vous dire ?

BARTHOLO.

Oui , ces bonbons , dans ce cornet fait avec cette feuille de papier à lettre , ce matin.

FIGARO.

Diable emporte si.....

ROSINE *l'interrompant.*

Avez-vous eu soin au moins de les lui donner de ma part , monsieur Figaro ? Je vous l'avois recommandé.

FIGARO.

Ah ! ah ! les bonbons de ce matin ? Que je suis bête , moi ! j'avois perdu tout cela de vue..... Oh ! excellens , madame , admirables.

BARTHOLO.

Excellens ! admirables ! Oui , sans doute , monsieur le barbier , revenez sur vos pas. Vous faites-là un joli métier , monsieur !

FIGARO.

Qu'eſt-ce qu'il a donc, monſieur?

BARTHOLO.

Et qui vous fera une belle réputation, monſieur!

FIGARO.

Je la ſoutiendrai, monſieur.

BARTHOLO.

Dites que vous la ſupporterez, monſieur.

FIGARO.

Comme il vous plaira, monſieur.

BARTHOLO.

Vous le prenez bien haut, monſieur! Sachez que quand je diſpute avec un fat, je ne lui cede jamais.

FIGARO *lui tourne le dos.*

Nous différons en cela, monſieur; moi je lui cede toujours.

BARTHOLO.

Hein? Qu'eſt-ce qu'il dit donc, bachelier?

FIGARO.

C'eſt que vous croyez avoir affaire à quelque barbier de village, & qui ne ſait manier que le raſoir. Apprenez, monſieur, que j'ai travaillé de la plume à Madrid, & que ſans les envieux.....

BARTHOLO.

Eh! que n'y reſtiez-vous, ſans venir ici changer de profeſſion?

FIGARO.

On fait comme on peut; mettez-vous à ma place.

BARTHOLO.

Me mettre à votre place! Ah! parbleu, je dirois de belles ſottiſes!

FIGARO.

Monſieur, vous ne commencez pas trop mal; je m'en rapporte à votre confrere, qui eſt là rêvaſſant......

LE COMTE, *revenant à lui.*

Je..... je ne fuis pas le confrere de monfieur.

FIGARO.

Non ? Vous voyant ici à confulter, j'ai penfé que vous pourfuiviez le même objet.

BARTHOLO *en colere.*

Enfin, quel fujet vous amene ? Y a-t-il quelque lettre à remettre encore ce foir à madame ? Parlez, faut-il que je me retire ?

FIGARO.

Comme vous rudoyez le pauvre monde ! Eh, par-bleu, monfieur, je viens vous rafer, voilà tout. N'eft-ce pas aujourd'hui votre jour ?

BARTHOLO.

Vous reviendrez tantôt.

FIGARO.

Ah, oui, revenir ! Toute la garnifon prend mé-decine demain matin ; j'en ai obtenu l'entreprife par mes protections. Jugez donc comme j'ai du temps à perdre. Monfieur paffe-t-il chez lui ?

BARTHOLO.

Non, monfieur ne paffe point chez lui. Et mais... qui empêche qu'on ne me rafe ici ?

ROSINE, *avec dédain.*

Vous êtes honnête. Et pourquoi pas dans mon appartement ?

BARTHOLO.

Tu te fâches ? Pardon, mon enfant : tu vas ache-ver de prendre ta leçon ; c'eft pour ne pas perdre un inftant le plaifir de t'entendre.

FIGARO, *bas au Comte.*

On ne le tirera pas d'ici. (*Haut.*) Allons, l'Eveillé ! la jeuneffe ! le baffin, de l'eau, tout ce qu'il faut à Monfieur.

BARTHOLO.

Sans doute, fappellez-les ! Fatigués, haraffés,

moulus de votre façon, n'a-t-il pas fallu les faire coucher !

FIGARO.

Eh bien ! j'irai tout chercher : n'eſt-ce pas, dans votre chambre ? (*bas au comte.*) Je vais l'attirer dehors.

BARTHOLO *détache ſon trouſſeau de clés & dit par réflexion :*

Non, non, j'y vais moi-même. (*bas au Comte en s'en allant*) Ayez les yeux ſur eux, je vous prie.

SCENE VI.

FIGARO, LE COMTE, ROSINE.

FIGARO.

AH ! que nous l'avons manqué belle ! il alloit me donner le trouſſeau. La clé de la jalouſie n'y eſt-elle pas?

ROSINE.

C'eſt la plus neuve de toutes.

SCENE VII.

BARTHOLO, FIGARO, LE COMTE, ROSINE.

BARTHOLO, *revenant.*

à part. BON ! je ne ſais ce que je fais de laiſſer ici ce maudit Barbier. (*à Figaro*) Tenez. (*il lui donne le trouſſeau*) Dans mon cabinet, ſous mon bureau ; mais ne touchez à rien.

FIGARO.

La peste ! il y feroit bon, méfiant comme vous êtes,
(*à part en s'en allant.*) Voyez comme le ciel protége
l'innocence !

SCENE VIII.

BARTHOLO, LE COMTE, ROSINE.

BARTHOLO, *bas au comte.*

C'EST le drôle qui a porté la lettre au comte.

LE COMTE *bas.*

Il m'a l'air d'un fripon.

BARTHOLO.

Il ne m'attrapera plus.

LE COMTE.

Je crois qu'à cet égard le plus fort est fait.

BARTHOLO.

Tout considéré, j'ai pensé qu'il étoit plus prudent
de l'envoyer dans ma chambre, que de le laisser avec
elle.

LE COMTE.

Ils n'auroient pas dit un mot que je n'eusse été en
tiers.

ROSINE.

Il est bien poli, messieurs, de parler bas sans cesse !
& ma leçon ?
(*Ici l'on entend un bruit, comme de la vaisselle ren-
verfée.*)

BARTHOLO *criant.*

Qu'est-ce que j'entends donc ! le cruèl barbier aura
tout laissé tomber par l'escalier, & les plus belles piè-
ces de mon nécessaire !.... (*Il court dehors.*)

SCENE IX.

LE COMTE, ROSINE.

LE COMTE.

PROFITONS du moment que l'intelligence de Figaro nous ménage. Accordez-moi, ce soir, je vous en conjure, madame, un moment d'entretien indispensable pour vous souftraire à l'esclavage où vous allez tomber.

ROSINE.

Ah Lindor !

LE COMTE.

Je puis monter à votre jaloufie ; & quant à la lettre que j'ai reçue de vous ce matin, je me fuis vu forcé.....

SCENE X.

ROSINE, BARTHOLO, FIGARO, LE COMTE.

BARTHOLO.

JE ne m'étois pas trompé ; tout eft brifé, fracaffé.

FIGARO.

Voyez le grand malheur pour tant de train ! On ne voit goutte fur l'efcalier. (*Il montre la clé au Comte.*) Moi, en montant, j'ai accroché une clé....

BARTHOLO.

On prend garde à ce qu'on fait. Accrocher une clé ! L'habile homme !

FIGARO.

Ma foi, monfieur, cherchez-en un plus fubtil.

SCENE XI.

LES ACTEURS PRÉCÉDENS, DON BAZILE.

ROSINE, *effrayée.* (*à part.*)

DOn Bazile !...

LE COMTE *à part.*

Jufte ciel !

FIGARO *à part.*

C'eft le diable !

BARTHOLO *va au-devant de lui.*

Ah ! Bazile , mon ami , foyez le bien rétabli. Votre accident n'a donc point eu de fuite ? En vérité le Seigneur Alonzo m'avoit fort effrayé fur votre état ; demandez-lui , je partois pour vous aller voir , & s'il ne m'avoit point retenu. . . .

BAZILE *étonné.*

Le Seigneur Alonzo ?....

FIGARO, *frappe du pied.*

Eh quoi ! toujours des accrocs ? Deux heures pour une méchante barbe. . . . . Chienne de pratique !

BAZILE, *regardant tout le monde.*

Me ferez-vous bien le plaifir de me dire , meffieurs ? . . .

FIGARO.

Vous lui parlerez quand je ferai parti.

BAZILE.

Mais encore faudroit-il...

LE COMTE.

Il faudroit vous taire , Bazile. Croyez-vous apprendre à Monfieur quelque chofe qu'il ignore ? Je lui

ai

a raconté que vous m'aviez chargé de venir donner une leçon de musique à votre place.

B A Z I L E *plus étonné.*

La leçon de musique !... Alonzo !...

R O S I N E *à part à Bazile.*

Eh ! taisez-vous.

B A Z I L E.

Elle aussi !

L E   C O M T E, *bas*, *à Bartholo.*

Dites-lui donc tout bas que nous en sommes con-
venus.

B A R T H O L O, *à Bazile à part.*

N'allez pas nous démentir , Bazile , en disant
qu'il n'est pas votre élève, vous gâteriez tout.

B A Z I L E.

Ah ! ah !

B A R T H O L O *haut.*

En vérité , Bazile , on n'a pas plus de talens que
votre éleve.

B A Z I L E *stupéfait.*

Que mon éleve !... (*bas*) Je venois pour vous
dire que le comte est déménagé.

B A R T H O L O , *bas.*

Je le sais , taisez vous.

B A Z I L E , *bas.*

Qui vous l'a dit ?

B A R T H O L O , *bas.*

Lui , apparemment !

L E   C O M T E , *bas.*

Moi , sans doute : écoutez seulement.

R O S I N E , *bas à Bazile.*

Est-il si difficile de vous taire ?

F I G A R O , *bas à Bazile.*

Hum ! Grand escogrif ! Il est sourd !

B A Z I L E *à part.*

Qui diable est ce donc qu'on trompe ici ? Tout
le monde est dans le secret !   K

BARTHOLO, *haut.*

Eh bien, Bazile, votre homme de loi ?...

FIGARO.

Vous avez toute la foirée pour parler de l'homme de loi.

BARTHOLO *à Bazile.*

Un mot ; dites-moi seulement fi vous êtes content de l'homme de loi ?

BAZILE, *effaré.*

De l'homme de loi ?

LE COMTE, *fouriant.*

Vous ne l'avez pas vu, l'homme de loi ?

BAZILE, *impatienté.*

Eh ! non, je ne l'ai pas vu, l'homme de loi.

LE COMTE, *à Bartholo à part.*

Voulez-vous donc qu'il s'explique ici devant elle ? Renvoyez-le.

BARTHOLO, *bas, au Comte.*

Vous avez raifon. (*à Bazile.*) Mais quel mal vous a donc pris fi fubitement ?

BAZILE *en colere.*

Je ne vous entends pas.

LE COMTE *lui met à part une bourfe dans la main.*

Oui : Monfieur vous demande ce que vous venez faire ici, dans l'état d'indifpofition où vous êtes ?

FIGARO.

Il eft pâle comme un mort !

BAZILE.

Ah ! je comprends...

LE COMTE.

Allez vous coucher, mon cher Bazile : vous n'êtes pas bien, & vous nous faites mourir de frayeur. Allez vous coucher.

FIGARO.

Il a la phisionomie toute renversée. Allez vous coucher.

BARTHOLO.

D'honneur, il sent la fievre d'une lieue. Allez vous coucher.

ROSINE.

Pourquoi donc êtes-vous sorti ? On dit que cela se gagne. Allez vous coucher ?

BAZILE *au dernier étonnement.*

Que j'aille me coucher.

TOUS LES ACTEURS ENSEMBLE.

Eh ! sans doute.

BAZILE *les regardant tous.*

En effet, messieurs, je crois que je ne ferai pas mal de me retirer ; je sens que je ne suis pas ici dans mon assiette ordinaire.

BARTHOLO.

A demain, toujours si vous êtes mieux.

LE COMTE.

Bazile, je serai chez vous de très-bonne-heure.

FIGARO.

Croyez-moi, tenez-vous bien chaudement dans votre lit.

ROSINE.

Bon soir, monsieur Bazile.

BAZILE, *à part.*

Diable emporte si j'y comprends rien ; & sans cettte bourse....

TOUS.

Bon soir, Bazile, bon soir.

BAZILE *en s'en allant.*

Eh bien ! bon soir donc, bon soir.

(*Ils l'accompagnent tous en riant.*)

K

SCENE XII.

LES ACTEURS PRÉCÉDENS,
excepté BAZILE.

BARTHOLO, *d'un ton important.*

Cet homme-là n'eſt pas bien du tout.

ROSINE.

Il a les yeux égarés.

LE COMTE.

Le grand air l'aura ſaiſi.

FIGARO.

Avez-vous vu comme il parloit tout ſeul ? Ce que c'eſt que de nous ! (*A Bartholo.*) Ah çà , vous décidez-vous cette fois ? (*Il lui pouſſe un fauteuil très-loin du Comte, & lui préſente le linge.*)

LE COMTE.

Avant de finir , madame , je dois vous dire un mot eſſentiel au progrès de l'art que j'ai l'honneur de vous enſeigner. (*Il s'approche , & lui parle bas à l'oreille.*)

BARTHOLO, *à Figaro.*

Eh mais ! il ſemble que vous le faſſiez exprès de vous approcher , & de vous mettre devant moi pour m'empécher de voir.....

LE COMTE *(bas à Roſine.*)

Nous avons la clé de la jalouſie , & nous ſerons ici à minuit.

FIGARO *paſſe le linge au cou de Bartholo.*

Quoi voir ? Si c'étoit une leçon de danſe , on vous paſſeroit d'y regarder ; mais du chant !... ahi , ahi.

BARTHOLO.

Qu'eſt-ce que c'eſt ?

FIGARO.

Je ne ſais ce qui m'eſt entré dans l'œil.

(*Il rapproche ſa tête.*)

BARTHOLO.

Ne frottez donc pas.

FIGARO.

C'eſt le gauche. Voudriez – vous me faire le plaiſir d'y ſouffler un peu fort ?

BARTHOLO *prend la tête de Figaro, regarde par-deſſus, le pouſſe violemment & va deriere les amans écouter leur converſation.*

LE COMTE *bas à Roſine.*

Et quant à votre lettre, je me ſuis trouvé tantôt dans un tel embarras pour reſter ici.

FIGARO *de loin pour avertir.*

Hem !. ... hem !. ...

LE COMTE.

Déſolé de voir encore mon déguiſement inutile......

BARTHOLO *paſſant entre deux.*

Votre déguiſement inutile !

ROSINE *effrayée.*

Ah !. ...

BARTHOLO.

Fort bien, madame, ne vous gênez pas. Comment ! ſous mes yeux même, en ma préſence, on m'oſe outrager de la ſorte.

LE COMTE.

Qu'avez-vous donc, ſeigneur ?

BARTHOLO.

Perfide Alonzo !

LE COMTE.

Seigneur Bartholo, ſi vous avez ſouvent des lubies comme celle dont le hazard me rend témoin, je ne ſuis plus étonné de l'éloignement que mademoiſelle a pour devenir votre femme.

ROSINE.

Sa femme ! moi ! paſſer mes jours auprès d'un vieux jaloux, qui, pour tout bonheur, offre à ma jeuneſſe un eſclavage abominable !

BARTHOLO.

Ah ! qu'eſt-ce que j'entends !

ROSINE.

Oui, je le dis tout haut ; je donnerai mon cœur &
ma main à celui qui pourra m'arracher de cette horrible
prison, où ma personne & mon bien sont retenus contre toutes les loix.

(*Rosine sort.*)

SCENE XIII.

BARTHOLO, FIGARO, LE COMTE.

BARTHOLO.

LA colere me suffoque.

LE COMTE.

En effet, Seigneur, il est difficile qu'une jeune
femme.....

FIGARO.

Oui, une jeune femme, & un grand âge ; voilà
ce qui trouble la tête d'un vieillard.

BARTHOLO.

Comment ! lorsque je les prends sur le fait ! maudit
Barbier ! il me prend des envies....

FIGARO.

Je me retire, il est fou.

LE COMTE.

Et moi aussi ; d'honneur il est fou.

FIGARO.

Il est fou, il est fou..... (*Ils sortent.*)

SCENE XIV.

BARTHOLO, *seul, les poursuit.*

JE suis fou ! Infames suborneurs ! émissaires du diable, dont vous faites ici l'office, & qui puisse vous emporter tous... Je suis fou !.... je les ai vus comme je vois ce pupitre, & me soutenir effrontément..... Ah ! il n'y a que Bazile qui puisse m'expliquer ceci. Oui, envoyons-le chercher. Holà, quelqu'un !..... Ah ! j'oublie que je n'ai personne..... Un voisin, le premier venu, n'importe. Il y a de quoi perdre l'esprit ; il y a de quoi perdre l'esprit.

Fin du troisieme acte.

Pendant l'entr'acte, le théatre s'obscurcit ; on entend un bruit d'orage, & l'orchestre joue celui qui est gravé dans le Recueil de la musique du Barbier.

ACTE IV.

SCENE PREMIERE.

Le théatre est obscur.

BARTHOLO, DON BAZILE, *une lan-*
terne de papier à la main.

BARTHOLO.

Comment, Bazile, vous ne le connoissez pas ?
Ce que vous dites est-il possible ?

BAZILE.

Vous m'interrogeriez cent fois, que je vous ferois
toujours la même réponse. S'il vous a remis la lettre
de Rosine, c'est sans doute un des émissaires du comte.
Mais, à la magnificence du présent qu'il m'a fait, il se
pourroit que ce fût le comte lui-même.

BARTHOLO.

A propos de ce présent, eh ! pourquoi l'avez-
vous reçu ?

BAZILE.

Vous aviez l'air d'accord ; je n'y entendois rien ;
& dans les cas difficiles à juger, une bourse d'or me
paroît toujours un argument sans replique. Et puis,
comme dit le proverbe, ce qui est bon à prendre......

BARTHOLO.

J'entends, est bon.....

BAZILE.

A garder.

BARTHOLO.

BARTHOLO *surpris.*

Ah! ah!

BAZILE.

Oui, j'ai arrangé comme cela plusieurs petits proverbes avec des variations. Mais allons au fait ; à quoi vous arrêtez-vous ?

BARTHOLO.

En ma place, Bazile, ne feriez-vous pas les derniers efforts pour la posséder ?

BAZILE.

Ma foi, non, docteur. En toute espece de biens, posséder est peu de chose ; c'est jouir qui rend heureux. Mon avis est, qu'épouser une femme dont on n'est point aimé, c'est s'exposer.....

BARTHOLO.

Vous craindriez les accidens ?

BAZILE.

Hé hé, monsieur...... on en voit beaucoup cette année. Je ne ferois point violence à son cœur.

BARTHOLO.

Vôtre valet, Bazile. Il vaut mieux qu'elle pleure de m'avoir, que moi je meure de ne l'avoir pas.

BAZILE.

Il y va de la vie ? Epousez, docteur, épousez.

BARTHOLO.

Aussi ferai-je, & cette nuit même.

BAZILE.

Adieu donc. --- Souvenez-vous, en parlant à la pupille, de les rendre tous plus noirs que l'enfer.

BARTHOLO.

Vous avez raison.

BAZILE.

La calomnie, docteur, la calomnie. Il faut toujours en venir-là.

BARTHOLO.

Voici la lettre de Rosine que cet Alonzo m'a

L

remise, & il m'a montré, sans le vouloir, l'usage que j'en dois faire auprès d'elle.

BAZILE.

Adieu : nous serons tous ici à quatre heures.

BARTHOLO.

Pourquoi pas plutôt.

BAZILE.

Impossible ; le notaire est retenu.

BARTHOLO.

Pour un mariage ?

BAZILE.

Oui, chez le barbier Figaro ; c'est sa niece qu'il marie.

BARTHOLO.

Sa niece ? il n'en a pas.

BAZILE.

Voilà ce qu'ils ont dit au notaire.

BARTHOLO.

Ce drôle est du complot. Que diable !

BAZILE.

Est-ce que vous penseriez ?....

BARTHOLO.

Ma foi, ces gens-là sont si alertes ! Tenez, mon ami, je ne suis pas tranquille. Retournez chez le notaire. Qu'il vienne ici sur le champ avec vous.

BAZILE.

Il pleut, il fait un temps du diable ; mais rien ne m'arrête pour vous servir. Que faites vous donc ?

BARTHOLO.

Je vous reconduis ; n'ont-ils pas fait estropier tout mon monde par ce Figaro ! Je suis seul ici.

BAZILE.

J'ai ma lanterne.

BARTHOLO.

Tenez, Bazile, voilà mon passe-par-tout ; je vous

attends, je veille ; & vienne qui voudra, hors le notaire & vous, personne n'entrera de la nuit.

BAZILE.

Avec ces précautions, vous êtes sûr de votre fait.

SCENE II.

ROSINE, *seule, sortant de sa chambre.*

IL me sembloit avoir entendu parler. Il est minuit
sonné ; Lindor ne vient point ! Ce mauvais temps
même étoit propre à le favoriser. Sûr de ne rencontrer
personne.... Ah, Lindor ! si vous m'aviez trompée !...
Quel bruit entends-je ?..... Dieux ! c'est mon tuteur.
Rentrons.

SCENE III.

ROSINE, BARTHOLO.

BARTHOLO *rentre avec de la lumiere.*

AH ! Rosine, puisque vous n'étes pas encore ren-
trée dans votre appartement.....

ROSINE.

Je vais me retirer.

BARTHOLO.

Par le temps affreux qu'il fait, vous ne reposerez
pas, & j'ai des choses très-pressées à vous dire.

ROSINE.

Que me voulez-vous, monsieur ? N'est-ce donc pas
assez d'être tourmentée le jour ?

BARTHOLO.

Rosine, écoutez-moi.

L 3

ROSINE.

Demain je vous entendrai.

BARTHOLO.

Un moment, de grace.

ROSINE, *à part.*

S'il alloit venir !

BARTHOLO *lui montre sa lettre.*

Connoissez-vous cette lettre ?

ROSINE *la reconnoît.*

Ah, grands Dieux !....

BARTHOLO.

Mon intention, Rosine, n'est point de vous faire des reproches : à votre âge on peut s'égarer ; mais je suis votre ami, écoutez-moi.

ROSINE.

Je n'en puis plus.

BARTHOLO.

Cette lettre que vous avez écrite au comte Almaviva...

ROSINE, *étonnée.*

Au comte Almaviva !

BARTHOLO.

Voyez quel homme affreux est ce comte : aussitôt qu'il l'a reçue, il en a fait trophée ; je la tiens d'une femme à qui il l'a sacrifiée.

ROSINE.

Le comte Almaviva !.....

BARTHOLO.

Vous avez peine à vous persuader cette horreur. L'inexpérience, Rosine, rend votre sexe confiant & crédule ; mais apprenez dans quel piege on vous attiroit. Cette femme m'a fait donner avis de tout, apparemment pour écarter une rivale aussi dange-reuse que vous. J'en frémis ! le plus abominable complot, entre Almaviva, Figaro & cet Alonzo, cet éleve supposé de Bazile qui porte un autre nom & n'est que le vil agent du comte, alloit vous en-traîner dans un abîme dont rien n'eût pu vous tirer.

ROSINE, *accablée.*

Quelle horreur !..... Quoi ! Lindor... quoi ! ce jeune homme.....

BARTHOLO, *à part.*

Ah ! c'est Lindor.

ROSINE.

C'est pour le comte Almaviva..... C'est pour un autre.....

BARTHOLO.

Voilà ce qu'on m'a dit en me remettant votre lettre.

ROSINN, *outrée.*

Ah ! quelle indignité !...... Il en sera puni. --- Monsieur, vous avez desiré de m'épouser ?

BARTHOLO.

Tu connois la vivacité de mes sentiments.

ROSINE.

S'il peut vous en rester encore, je suis à vous.

BARTHOLO.

Hé bien, le notaire viendra cette nuit même.

ROSINE.

Ce n'est pas tout. O ciel ! suis-je assez humiliée !..... Apprenez que dans peu le perfide ose entrer par cette jalousie, dont ils ont eu l'art de vous dérober la clé.

BARTHOLO, *regardant au trousseau.*

Ah les scélérats ! mon enfant, je ne te quitte plus.

ROSINE *avec effroi.*

Ah, monsieur, & s'ils sont armés ?

BARTHOLO.

Tu as raison ; je perdrois ma vengeance. Monte chez Marceline : enferme-toi chez elle à double tour. Je vais chercher main-forte, & l'attendre auprès de la maison. Arrêté comme voleur, nous aurons le plaisir d'en être à la fois vengés & délivrés ! & compte que mon amour te dédommagera....

ROSINE *au défespoir.*

Oubliez feulement mon erreur. (*à part.*) Ah ! je m'en punis affez !

BARTHOLO *s'en allant.*

Allons nous embufquer. A la fin je la tiens.

SCENE IV.

ROSINE, *feule.*

SON amour me dédommagera... Malheureufe !... (*Elle tire fon mouchoir & s'abandonne aux larmes.*) Que faire ?.. Il va venir. Je veux refter , & feindre avec lui , pour le contempler un moment dans toute fa noirceur. La baffeffe de fon procédé fera mon préfervatif.... Ah ! j'en ai grand befoin. Figure noble ! air doux ! une voix fi tendre !.... Et ce n'eft que le vil agent d'un corrupteur ! ah malheureufe !... malheureufe !... Ciel ! on ouvre la jaloufie ! (*Elle fe fauve.*)

SCENE V.

LE COMTE, FIGARO *enveloppé d'un manteau paroît à la fenêtre.*

FIGARO *parle en dehors.*

QUELQU'UN s'enfuit ; entrerai-je ?

LE COMTE *en dehors.*

Un homme ?

FIGARO.

Non.

LE COMTE.

C'eft Rofine que ta figure atroce aura mife en fuite.

COMÉDIE.

FIGARO saute dans la chambre.

Ma foi je le crois.... Nous voici enfin arrivés, malgré la pluie, la foudre, & les éclairs.

LE COMTE enveloppé d'un long manteau.

Donne-moi la main. (*Il saute à son tour.*) A nous la victoire.

FIGARO jette son manteau.

Nous sommes tout percés. Charmant temps, pour aller en bonne fortune ! monseigneur, comment trouvez-vous cette nuit ?

LE COMTE.

Superbe pour un amant.

FIGARO.

Oui, mais pour un confident ?.. Et si quelqu'un alloit nous surprendre ici ?

LE COMTE.

N'es-tu pas avec moi ? J'ai bien une autre inquiétude ; c'est de la déterminer à quitter sur-le-champ la maison du tuteur.

FIGARO.

Vous avez pour vous trois passions toutes puissantes sur le beau sexe ; l'amour, la haine, & la crainte.

LE COMTE regarde dans l'obscurité.

Comment lui annoncer brusquement que le notaire l'attend chez toi, pour nous unir ? Elle trouvera mon projet bien hardi. Elle va me nommer audacieux.

FIGARO.

Si elle vous nomme audacieux ; vous l'appellerez cruelle. Les femmes aiment beaucoup qu'on les appelle cruelles. Au surplus, si son amour est tel que vous le désirez, vous lui direz qui vous êtes ; elle ne doutera plus de vos sentiments.

SCENE VI.

LE COMTE, ROSINE, FIGARO.

LE COMTE,

(Figaro allume toutes les bougies qui font fur la table.)

LA voici. -- Ma belle Rofine !...

ROSINE *d'un ton très compofé.*

Je commençois, monfieur, à craindre que vous ne vinffiez pas.

LE COMTE.

Charmante inquiétude !... Mademoifelle , il ne me convient point d'abufer des circonftances pour vous propofer de partager le fort d'un infortuné ; mais quel-qu'afyle que vous choififfiez , je jure mon honneur....

ROSINE.

Monfieur, fi le don de ma main n'avoit pas dû fuivre à l'inftant celui de mon cœur , vous ne feriez pas ici. Que la néceffité juftifie à vos yeux ce que cette entrevue a d'irrégulier !

LE COMTE.

Vous, Rofine ! la compagne d'un malheureux ! fans fortune , fans naiffance !...

ROSINE.

La naiffance , la fortune ! Laiffons-là les jeux du hazard , & fi vous m'affurez que vos intentions font pures....

LE COMTE *à fes pieds.*

Ah ! Rofine ! je vous adore !...

ROSINE *indignée.*

Arrêtez , malheureux !... vous ofez profaner !... tu m'adores !... Va ! tu n'es plus dangereux pour moi ; j'attendois ce mot pour te détefter. Mais

avant.

avant de t'abandonner au remords qui t'attend, (*en pleurant*) apprends que je t'aimois ; apprends que je faifois mon bonheur, de partager ton mauvais fort. Miférable Lindor ! j'allois tout quitter pour te fuivre. Mais le lâche abus que tu as fait de mes bontés, & l'indignité de cet affreux comte Almaviva, à qui tu me vendois, ont fait rentrer dans mes mains ce témoignage de ma foibleffe. Connois-tu cette lettre ?

LE COMTE *vivement.*

Que votre tuteur vous a remife ?

ROSINE *fierement.*

Oui, je lui en ai l'obligation.

LE COMTE.

Dieux, que je fuis heureux ! Il la tient de moi. Dans mon embarras, hier je m'en fuis fervi pour arracher fa confiance, & je n'ai pu trouver l'inftant de vous en informer. Ah Rofine ! il eft donc vrai que vous m'aimez véritablement !....

FIGARO.

Monfeigneur, vous cherchiez une femme qui vous aimât pour vous-même...

ROSINE.

Monfeigneur ! que dit-il ?..

LE COMTE *jettant fon large manteau, paroît en habit magnifique.*

O la plus aimée des femmes ! il n'eft plus temps de vous abufer : l'heureux homme que vous voyez à vos pieds, n'eft point Lindor ; je fuis le comte Almaviva, qui meurt d'amour, & vous cherche en-vain depuis fix mois.

ROSINE *tombe dans les bras du Comte.*

Ah !...

LE COMTE *effrayé.*

Figaro ?

FIGARO.

Point d'inquiétude, monfeigneur ; la douce émo-

M.

tion de la joie n'a jamais de suites fâcheuses ; la voilà, la voilà qui reprend ses sens ; morbleu qu'elle
est belle !

ROSINE.

Ah Lindor !... Ah Monsieur ! que je suis cou-
pable ! j'allois me donner cette nuit même à mon
tuteur.

LE COMTE.

Vous Rosine !

ROSINE.

Ne voyez que ma punition ! J'aurois passé ma
vie à vous détester. Ah Lindor ! le plus affreux supplice n'est-il pas de haïr, quand on sent qu'on est
faite pour aimer ?

FIGARO, *regarde à la fenêtre.*

Monseigneur, le retour est fermé ; l'échelle est enlevée.

LE COMTE.

Enlevée !

ROSINE, *troublée.*

Oui ; c'est moi... c'est le docteur. Voilà le fruit
de ma crédulité. Il m'a trompée. J'ai tout avoué,
tout trahi : il sait que vous êtes ici, & va venir
avec main-forte.

FIGARO *regarde encore.*

Monseigneur ! on ouvre la porte de la rue.

ROSINE *courant dans les bras du Comte avec*
frayeur.

Ah Lindor !...

LE COMTE *avec fermeté.*

Rosine, vous m'aimez ! Je ne crains personne ; &
& vous serez ma femme. J'aurai donc le plaisir de
punir à mon gré l'odieux vieillard !...

ROSINE.

Non, non, graces pour lui, cher Lindor ! Mon
cœur est si plein, que la vengeance ne peut y trouver place.

S C E N E VII.

LE NOTAIRE, DON BAZILE, LES ACTEURS PRECEDENS.

FIGARO.

MOnseigneur, c'est notre notaire.

LE COMTE.

Et l'ami Bazile avec lui !

BAZILE.

Ah ! qu'est-ce que j'apperçois ?

FIGARO.

Eh ! par quel hasard notre ami . . ?

BAZILE.

Par quel accident, Messieurs . . .

LE NOTAIRE.

Sont-ce là les futurs conjoints ?

LE COMTE.

Oui , monsieur. Vous deviez unir la Signora Rosine & moi cette nuit, chez le Barbier Figaro ; mais nous avons préféré cette maison, pour des raisons que vous saurez. Avez-vous notre contrat ?

LE NOTAIRE.

J'ai donc l'honneur de parler à son excellence monsieur le comte Almaviva ?

FIGARO.

Précisément.

BAZILE *à part.*

Si c'est pour cela qu'il m'a donné le passe-partout....

LE NOTAIRE.

C'est que j'ai deux contrats de mariage, monseigneur ; ne confondons point : voici le vôtre ; &

M ij

& c'eſt ici celui du Seigneur Bartholo , avec la Signora. . . . Roſine auſſi ? Les Demoiſelles apparemment ſont deux ſœurs qui portent le même nom ?

LE COMTE.

Signons toujours. Don Bazile voudra bien nous ſervir de ſecond témoin. (*Ils ſignent.*)

BAZILE.

Mais , votre excellence.... je ne comprends pas....

LE COMTE.

Mon maître Bazile , un rien vous embarraſſe , & tout vous étonne.

BAZILE.

Monſeigneur . . . . Mais ſi le docteur....

LE COMTE *lui jettant une bourſe.*

Vous faites l'enfant ! ſignez donc vîte.

BAZILE, *étonné.*

Ah ! ah ! . . .

FIGARO.

Où donc eſt la difficulté de ſigner ?

BAZILE *peſant la bourſe.*

Il n'y en a plus ; mais c'eſt que moi , quand j'ai donné ma parole une fois ; il faut des motifs d'un grand poids.... (*Il ſigne.*)

SCENE VIII. *& derniere.*

BARTHOLO, UN ALCADE, DES ALGUASILS, DES VALETS *avec des flambeaux* , & LES ACTEURS précédents.

BARTHOLO *voit le comte baiſer la main de Roſine, & Figaro qui embraſſe groteſquement D. Bazile : il crie en prenant le notaire à la gorge.*

Rosine avec ces fripons ! arrêtez tout le monde. J'en tiens un au collet.

LE NOTAIRE.
C'est votre Notaire.

BAZILE.
C'est votre Notaire. Vous moquez-vous ?

BARTHOLO.
Ah ! Don Bazile , eh comment êtes-vous ici ?

BAZILE.
Mais plutôt , vous comment n'y êtes-vous pas ?

L'ALCADE *montrant Figaro.*
Un moment ; je connois celui-ci. Que viens-tu faire en cette maison , à des heures indues ?

FIGARO.
Heure indue ? Monsieur voit bien qu'il est aussi près du matin que du soir. D'ailleurs je suis de la compagnie de son excellence monseigneur le Comte Almaviva.

BARTHOLO.
Almaviva.

L'ALCADE.
Ce ne sont donc pas des voleurs ?

BARTHOLO.
Laissons cela. --- Partout ailleurs , monsieur le Comte , je suis le serviteur de votre excellence ; mais vous sentez que la supériorité du rang est ici sans force. Ayez , s'il vous plaît , la bonté de vous retirer.

LE COMTE.
Oui , le rang doit être ici sans force ; mais ce qui en a beaucoup , est la préférence que mademoiselle vient de m'accorder sur vous , en se donnant à moi volontairement.

BARTHOLO.
Que dit-il , Rosine ?

ROSINE.
Il dit vrai. D'où naît votre étonnement ? Ne devois-je pas cette nuit même être vengée d'un trompeur ? Je le suis,

B A Z I L E.

Quand je vous difois que c'étoit le Comte lui-même, docteur ?

B A R T H O L O.

Que m'importe à moi ? Plaifant mariage ! où font les témoins ?

L E N O T A I R E.

Il n'y manque rien. Je fuis affifté de ces deux meffieurs.

B A R T H O L O.

Comment , Bazile ! vous avez figné.

B A Z I L E.

Que voulez-vous ? Ce diable d'homme a toujours fes poches pleines d'argumens irréfiftibles.

B A R T H O L O.

Je me moque de fes arguments. J'uferai de mon autorité.

L E C O M T E.

Vous l'avez perdue en en abufant.

B A R T H O L O.

La Demoifelle eft mineure.

F I G A R O.

Elle vient de s'émanciper.

B A R T H O L O.

Qui te parle à toi , maître fripon ?

L E C O M T E.

Mademoifelle eft noble & belle ; je fuis homme de qualité , jeune & riche ; elle eft ma femme : à ce titre qui nous honore également , prétend-on me la difputer ?

B A R T H O L O.

Jamais on ne l'ôtera de mes mains.

L E C O M T E.

Elle n'eft plus en votre pouvoir. Je la mets fous l'autorité des loix ; & monfieur que vous avez amené vous-même , la protégera contre la violence que vous voulez lui faire. Les vrais magistrats font les foutiens de tous ceux qu'on opprime.

L' A L C A D E.

Certainement. Et cette inutile réfiftance au plus honorable mariage, indique affez fa frayeur fur la mauvaife adminiftration des biens de fa pupille, dont il faudra qu'il rende compte.

L e C O M T E.

Ah ! qu'il confente à tout ; & je ne lui demande rien.

F I G A R O.

Que la quittance de mes cent écus : ne perdons pas la tête.

B A R T H O L O *irrité.*

Ils étoient tous contre moi ; je me fuis fourré la tête dans un guêpier.

B A Z I L E.

Quel guêpier ! Né pouvant avoir la femme, cal-culez, docteur, que l'argent vous refte, &....

B A R T H O L O.

Eh ! laiffez-moi donc en repos, Bazile. Vous ne fongez qu'à l'argent. Je me foucie bien de l'argent, moi. A la bonne heure, je le garde ; mais croyez-vous que ce foit le motif qui me détermine ?

(*Il figne.*)

F I G A R O , *riant.*

Ah ! ah ! ah ! monfeigneur, ils font de la même famille.

L E N O T A I R E.

Mais, meffieurs, je n'y comprends plus rien. Eft-ce qu'elles ne font pas deux demoifelles qui portent le même nom ?

F I G A R O.

Non, monfieur, elles ne font qu'une.

B A R T H O L O , *fe défolant.*

Et moi qui leur ai enlevé l'échelle, pour que le mariage fût plus fûr ! Ah ! je me fuis perdu faute de foins.

FIGARO.

Faute de sens. Mais soyons vrais, docteur : quand la jeunesse & l'amour sont d'accord pour tromper un vieillard, tout ce qu'il fait pour l'empêcher peut bien s'appeller à bon droit la *Précaution inutile*.

Fin du quatrième & dernier Acte.

APPROBATION.

J'AI lu, par l'ordre de Monsieur le Lieutenant-Général de Police, *le Barbier de Séville*, Comédie en prose & en quatre actes ; & j'ai cru qu'on pouvoit en permettre l'impression. A Paris, ce 29 décembre 1774.

CRÉBILLON.

Vu l'Approbation, permis d'imprimer, ce 31 janvier 1775.

LE NOIR.

Achevé d'imprimer le 30 mai 1775.